인문사회 글쓰기

인문사회 글쓰기

1판 1쇄 찍은날 2016년 3월 2일
1판 1쇄 펴낸날 2016년 3월 7일
지은이 김은하 · 김은희 · 김태희 · 남원진 · 이명희 · 전우형 · 홍재범
펴낸이 송희영
펴낸곳 **쿠북** (건국대학교출판부의 패밀리 브랜드입니다.)
등록 / 제 4-3 호(1971. 6. 21)
주소 / 05029, 서울특별시 광진구 능동로 120 건국대학교 출판부
전화 / (02)450-3891 ~ 3
팩스 / (02)457-7202
홈페이지 / http://press.konkuk.ac.kr
e-Mail / press@konkuk.ac.kr

편집 박명희

찍은곳 네오프린텍㈜

정가 16,000원

ISBN 978-89-7107-597-5 03710

이 도서의 국립중앙도서관 출판예정도서목록(CIP)은 서지정보유통지원시스템 홈페이지(http://seoji.nl.go.kr)와 국가자료공동목록시스템(http://www.nl.go.kr/kolisnet)에서 이용하실 수 있습니다.(CIP제어번호: CIP2016004900)

인문사회 글쓰기

김은하 · 김은희 · 김태희 · 남원진 · 이명희 · 전우형 · 홍재범

쿠북

머리말

오늘날 인터넷은 우리 삶의 거의 모든 영역에서 활용되고 있다. 인터넷이 현란하고 매혹적인 시각 이미지를 어마어마한 규모로 쏟아내고 있기에, 이제 글이라는 문자매체의 의의와 역할이 크게 위축된 것처럼 보이기도 한다. 그러나 진실은 인터넷 덕분에 글쓰기는 오히려 다양한 층위와 공간 속에서 무한대로 확장되고 있다는 것이다. 인터넷이라는 새로운 환경 덕분에 글쓰기에 대한 대중의 관심은 오히려 어느 때보다도 커지고 있다.

인터넷이 없던 시절, 글은 종이매체를 통해서만 대중적으로 유통된다는 물리적 한계를 지녔다. 따라서 학자, 작가, 특정 분야 전문가 등 소수만 글을 발표할 기회를 독점하다시피 하였고, 대부분의 사람들은 자신의 생각을 글을 통해 타인과 공유할 기회를 거의 가지지 못하고 사적 글쓰기에 머물 수밖에 없었다. 그러나 오늘날에는 신분, 나이, 지식수준을 불문하고 누구나 자유롭게 인터넷에 글을 올릴 수 있으며, 단문에서부터 장편소설에 이르기까지 인터넷에 글을 올리는 순간 아무런 제약 없이 불특정 다수와 만날 수 있게 된 것이다.

이처럼 글쓰기에는 다종다양한 유형들이 있지만 이 책은 특히 학문적 글쓰기라는, 어느 정도 한정된 유형의 글쓰기를 주로 다룬다. 대학이라는 시공간 속에서 통용되는 글쓰기에 대해, 그 기초에서부터 시작하여 최종적으로 논문 쓰기까지 다루고 있다. 대학의 학문적 글쓰기는 대개의 경우 졸업논문으로 완결된다. 졸업논문은 오늘날에는 공적 가치가 많이 퇴색했지만, 그래도 그 의미는 결코 무시해서는 안 되는 것이다. 대학 이전의 공부가 가르치는 사람이 제시하는 것을 배우는 사람이 수동적으로 습득하는 데 치우쳐 있었다면, 대학 공부는 배우는 사람 스스로 문제를 제기하고 자신의 대답을 제시하는 것을 지향한다. 이처럼 대학에서 주도적으로 탐색하고 사유한 결과가 졸업논문에서 집대성된다. 따라서 졸업논문을 잘 쓰기 위해서는 4년여 동안 자신의 전공과 교양을 매개로 하여 세계와 인간에 대한 주체적 문제의식을 형성하고 이를 적절히 표현할 수 있는 능력을 길러야 하는 것이다.

글쓰기와 말하기는 모두 언어 행위이다. 그러나 글쓰기와 말하기에는 결정적으로 다른 점이 한 가지 있다. 일대일로 주고받는 대화나 다중을 상대로 하는 강연 등 전형적인 말하기 상황에서는 말하는 사람이 수용자를 직접 보면서 그 반응에 따라 어떤 말을 어떻게 할지 그때그때 정하고 고쳐 나갈 수 있다. 하지만 글쓰기에서는 글을 쓰는 사람이 수용자를 눈으로 볼 수 없다. 물론 글을 쓰는 사람도 대개 글을 읽을 사람들을 마음에 떠올리기 마련이지만, 그러한 예상이 늘 맞아떨어지지는 않는다. 여기에서 글쓰기의 어려움은 증폭된다. 그래서 만일 글을 쓰는 사람이 독자의 범위를 어느 정도 한정할 수 있다면 그러한 고민의 무게는 줄어들 것이다. 이 책에서 다루는 학문적 글쓰기는 적어도 불특정 다수를 독자로 상정하는 글쓰기가 아니라는 점에서는, 그 방법을 익히는 것이 비교적 수월하다고 말할 수 있다.

이 책은 글쓰기를 이제 시작하는 사람이나 본격적으로 인문사회 분야의 글을 쓰고자 하는 사람 모두 활용할 수 있도록 짜여졌다. 그래서 Ⅰ부에서는 글의 구성과 기법, 표현과 문장 등 글쓰기 기초를 익힐 수 있도록 안내했으며, Ⅱ부와 Ⅲ부에서는 본격적으로 인문사회 글쓰기의 특성과 유형을 설명하였다. 이 책에서 특히 눈여겨볼 곳은 Ⅳ부이다. 여기에서는 인문사회 분야의 다양한 글들을 읽어 보고 이와 연관해서 실제 글을 다양한 방식으로 써 볼 수 있도록 했다. 여기 실린 글들을 읽고 토론하면서 요약문이나 평가문을 쓸 수도 있고, 자기 생각을 덧붙여 이어 쓰거나 반론을 써 볼 수도 있다. 글쓰기 능력을 키우기 위해서는 글쓰기 이론을 읽거나 남이 쓴 좋은 글을 읽는 것도 중요하지만, 결국 다양한 유형의 글을 직접 꾸준히 써 보아야 하는 것이다.

인간에게 있어서 자신의 생각을 가장 깊이 있고 오해 없이 전달할 수 있는 매체는 역시 글이라고 할 수 있다. 이 책이 열어 놓는 글쓰기의 여정을 따라가며 주체적으로 음미하고 자유롭게 즐기다 보면, 글쓰기를 통해 생각을 보다 정교하게 다듬는 능력을, 그리고 말하기의 소통 범위를 넘어서 있는 이들과도 자신의 생각을 공유하는 능력을 갖추게 될 것으로 기대한다.

2016년 2월

건국대 『인문사회 글쓰기』 집필진 일동

차례 | 인문사회 글쓰기

III.
인문사회
글쓰기의 유형

IV.
인문사회
글쓰기의 실제

I. 글쓰기의 기초

선禪에 다음과 같은 말이 있다.

"말할 때는 오로지 말 속으로 들어가라. 걸을 때는 걷는 그 자체가 되어라. 죽을 때는 죽음이 되어라."

그러므로 글을 쓸 때는 쓰기만 하라. 열등감과 자책감으로 중무장한 채 자신과 피 흘리는 싸움은 하지 말라.

– 나탈리 골드버그, 『뼛속까지 내려가서 써라』

1 글쓰기의 의의

한국의 정규 국어교육 과정을 제대로 수행한 사람에게 대학에서 요구하는 글쓰기는 어렵지 않아야 한다. 그럼에도 불구하고 대학에서 다루는 모든 글의 생산자와 소비자, 즉 논자와 독자는 여전히 글쓰기가 불편하고 어렵다. 속도와 짧은 문장이 핵심인 IT시대의 속성에 익숙해진 탓인지 사람들에게 한 편의 논리적인 글쓰기는 까다로운 대상이다. 더욱이 창조적 사고와 논리적 표현을 요구하는 대학의 글쓰기는 학생들에게 더욱 두려운 과제로 남게 되었다.

대학에서의 글쓰기는 전공별 학문탐구를 위한 의사소통의 방법일 뿐만 아니라 자신이 선택한 세상과 소통하는 궁극의 방법이기도 하다.

글쓰기의 필요성

디지털 미디어 시대가 도래하면서 글쓰기는 더욱 강조되고 있다. 디지털 매체를 사용할수록 정보의 양은 무한대지만 정작 힘 있는 글이 진가를 발휘하기 때문이다. 대학의 글쓰기는 논리적이고 비판적인 생각을 통해 학문적 소양을 키워나감과 동시에 교양인으로서의 소양을 발전시킬 것을 목적으로 한다. 따라서 대학에서의 글쓰기는 집단지성인으로서 공동체의 철학과 실천에 관심을 기울이며, 이에 관한 자신의 생각을 한 편의 글로써 세상과 소통하는 연습의 과정이다.

그러나 현대사회에서 대학에서의 글쓰기가 중요한 이유가 또 있다. 바로 직업인이 되기 위한 기능적 글쓰기가 필요하기 때문이다. 특히 자신에 관한 글쓰기는 취업이 갈수록 힘들어지는 시대에 강력한 경쟁력이 된다. 대학원 진학이나 입사를 위해 자신의 인생을 요약적으로 제시해야 하는 자기소개서의 경우 더욱 그렇다. 기획서 및 보고서만 하더라도 정확한 사실과 의미 전달을 요구하는 비즈니스 글쓰기이자 전공영역을 확장시킨 실용적 글쓰기이다. 이제 우리 시대의 글쓰기는 교양시민의 자질을 평가하는 중요한 덕목을 넘어 개인의 숙달된 기능으로 평가받게 되었다. SNS가 발달하면서 긴 글이 맥을 못 춰도 여전히 글쓰기가 필요한 이유는 평생 자신이 하는 일을 글로써 정리하고 발표하고 보고해야 하기 때문이다. 졸업 후 직장에서 업무를 수행할 때 대부분의 일과는 글로써 시작해서 글로써 끝난다고 해도 과언이 아니다.

이제 글쓰기는 특정 계층이 재능을 발휘하는 분야가 아니다. 글쓰기는 나로부터 시작해서 타자와 사회 그리고 세계와 소통하기 위한 의사소통의 도구이다. 이제 글을 쓰지 않는 날은 거의 없을 것이다. 조금 더 진지하게 말하자면 인생을 정리해야 하는 어느 즈음에, 우리는 결국 글로써 무언가를 정리해야 한다. 따라서 글쓰기는 일상에서 매일 필요한 일이라는 점을 받아들일 필요가 있다. 그래도 글쓰기가 어렵다면 다음 글에서 용기를 얻어 보자.

> 선禪에 다음과 같은 말이 있다.
>
> "말할 때는 오로지 말 속으로 들어가라. 걸을 때는 걷는 그 자체가 되어라. 죽을 때는 죽음이 되어라."
>
> 그러므로 글을 쓸 때는 쓰기만 하라. 열등감과 자책감으로 중무장한 채 자신과 피 흘리는 싸움은 하지 말라.
>
> – 나탈리 골드버그, 『뼛속까지 내려가서 써라』

글쓰기의 요건

사실 글을 쓰려면 자아 및 세계에 관해 무언가를 말하려는 욕망이 점화되어야 한다. 글은 곧 생각이다. 생각이 없다면 글은 쓸 수 없다. 필자의 생각하려는 욕망과 그것을 상대방이 잘 이해할 수 있도록 효과적으로 전달하려는 욕망이 좋은 글의 요건이 된다. 그러기 위해서는 나의 생각과 타인의 생각이 같은지 다른지, 다르면 어떻게 다른지를 먼저 파악하여야 한다.

이때 다른 사람의 생각을 읽기 위해서는 그의 글을 읽는 것이 우선되어야 한다. 독서가 필요한 이유이다. 즉, 글을 잘 쓰려면 먼저 많이 읽어야 한다. 중국 송나라 구양수가 글을 잘 쓰기 위한 요건으로 많이 읽고多讀, 많이 생각하고多商量, 많이 쓰라多作고 말한 이유가 바로 이 때문이다. 특히 독서는 동서고금 사람들의 생각을 읽는 것이다. 이렇게 전방위적인 글 읽기의 과정에서 비판과 수렴을 통해 글쓰기는 활로를 찾게 된다.

흔히 글쓰기가 어렵다고 하는 이유는 다른 사람의 글을 읽지 않기 때문이다. 다른 사람의 글을 읽어 보아야 내가 어떤 생각을 하고 있는지 알게 된다. 또한 아무리 많은 독서를 하였다 하더라도 이를 자신의 생각으로 정리하지 않는다면 자신의 목소리는 존재하지 않는다. 자신의 생각을 논리적으로 구성하여 창의적인 생각을 드러내는 과정이 글쓰기이다. 따라서 많이 생각하고 많이 써 보는 것은 당연한 일이다. 그런 의미에서 영문학자 장영희가 글쓰기의 어려움을 토로하며 쓴 「백지의 도전」은 글을 읽고 써야 하는 이유를 실감나게 알려 주는 글이다. 매일 여러 편의 글을 쓴 그녀도 이렇게나 글쓰기가 어려웠는데 하물며 평범한 우리들은 읽고 또 읽고 쓰고 또 써야 하는 것이 아닐까.

20세기 미국 시인 로버트 프로스트는 "무언가 뭉클하고 목구멍에 뜨거운 것이 치밀 때"면 시를 쓴다고 했다. 19세기 여류시인 에밀리 디킨슨은 "머리 전체가 폭발해 나간 것 같은 느낌일 때" 글을 쓴다고 했다. 위선의 껍데기를 벗고 순수한 마음이 될 때 글이 더 잘 써진다는 말일 것이다. 언감생심, 날 늘 이런 위대한 시인들에 비교하는 것은 아니지만, 나도 가끔 마음이 깨끗하고 어떤 감동을 느낄 때 글이 잘 나오는 듯하다. 그러나 이 험한 세상을 무관심과 무감동으로 단단히 무장하고 살아가면서 그저 마감 시간에 쫓겨 별 감흥도 없이 쓰는 글이니 마음대로 제때에 나와 줄 리가 없다.

알프레드 케이진이라는 문학비평가는 "누구든 글을 쓰는 이유는 스스로를 가르치고 이해하기 위해서, 그래서 결국 자기만족을 위해 글을 쓴다"고 했다. 그러나 이렇게 마감 시간의 고통을 감수하면서까지 나 자신을 가르치고 이해하고 만족시키기에는 나는 너무 게으르다. 헨리 밀러는 "세상에 나가서 자신의 신념을 실제로 행동으로 옮길 용기가 없는 사람이 글을 쓴다"고 했지만, 나는 내 신념을 글로 쓰느니

차라리 세상에 나가서 실제로 행동으로 옮길 용기를 부려 보겠다. (중략) 나처럼 지금 글을 써야 하는 독자들이 있다면 미국의 수필가 J.B. 프리스틀리의 지혜를 나누고 싶다.

"애당초 글을 쓰지 않고 살 수 있으면 좋겠지만 꼭 써야 한다면 무조건 써라. 재미없고, 골치 아프고, 아무도 읽어 주지 않아도 그래도 써라. 전혀 희망은 보이지 않고, 남들은 다 온다는 그 '영감'이라는 것이 오지 않아도 그래도 써라. 기분이 좋든 나쁘든 책상에 가서 그 얼음같이 냉혹한 백지의 도전을 받아들여라."

– 장영희, 「백지의 도전」

글쓰기의 효과

글쓰기의 요건이 억지로 갖추려고 해서 갖춰지는 것은 아니다. 글쓰기는 책을 읽고 생각한 연후에 쓰고 싶은 의지가 발현되어야 비로소 시작된다. 이러한 일련의 과정은 유기적이며 자연스럽게 일어나야 하며 이 과정에서 우리는 무언가를 자연스럽게 얻게 되는데 그것은 다음과 같다.

첫째, 창의성과 논리성의 획득이다. 흔히 사람들은 글을 쓰면서 생각하게 되거나, 생각하면서 글을 쓰게 되는 경우가 많다. 그러다보니 글은 생각하는 힘을 제공한다. 생각하려는 끈기를 제공하고 생각의 순서를 생각하게 만든다. 이렇게 글을 쓰다보면 논리의 필요성을 느끼게 되고 타당성을 확보하기 위하여 근거를 찾게 된다. 따라서 글쓰기는 자신의 독특한 목소리를 정리하는 과정에서 타인과 변별적 사유의 실마리를 찾게 되는 시간이다. 이 과정에서 사람들은 나름의 창의성과 논리성을 습득하게 된다. 물론 처음부터 창의성과 논리성이라는 두 마리 토끼를 잡을 수는 없다. 이는 사냥을 많이 한 사냥꾼에게만 허락되는 포획물임을 상기한다면 사냥만큼 글쓰기도 많이 할 수밖에 없다.

둘째, 글을 쓰는 과정에서 나 자신과 소통하게 되고 나아가 타자 및 세계와의 소통을 경험하게 된다.

> 글을 쓴다는 것은 삶을 충만하게 만들고 매혹시키는 유일한 일이었다. 나는 글을 썼다. 글쓰기는 나의 뇌리에서 결코 떠나지 않았다.
>
> – 마르그리트 뒤라스, 『고독한 글쓰기』

『연인』의 작가 마르그리트 뒤라스는 고독한 글쓰기의 과정이야말로 자신이 세상을 살아가는 방법이라고 소개하고 있다. 이는 고독한 글쓰기의 과정이 삶을 충만하게 만든다는 반어적 선언으로, 내면적 고독을 달래며 자신만의 방법으로 세상과 소통하고 있음을 드러내는 것이다. 이렇듯 대부분의 작가들은 글쓰기가 고독하지만 역동적 소통의 방법임을 말하고 있다.

글쓰기의 세 번째 효과는 글을 쓰는 그 자체가 글쓰는 이 자신에게 치유의 과정이 될 수 있다는 것이다. 자신의 이야기로부터 시작하는 글쓰기는 스스로를 마주하며 대화할 수 있는 시간을 제공한다. 글 속에 드러난 자신은 객관적으로 응시할 수 있는 대상이 된다. 이때 자신의 의식 및 무의식에 관련된 단어를 쏟아냄으로써 진정한 자신을 발견하게 된다. 베스트셀러 작가 스티븐 킹이 별장의 도로를 산책하다가 트럭에 부딪혀 교통사고를 당했는데, 여덟 차례의 대수술을 받고 나서 다시 글을 쓰기 시작했을 때 다음과 같이 말했다고 한다.

> 글쓰기가 내 목숨을 살려준 것은 아니지만, 예나 지금이나 한결같이 나를 도와준다. 글쓰기는 내 삶을 더 밝고 즐겁게 만들어 주는 것이다. (중략) 글쓰기란 작품을 읽는 이들의 삶을 풍요롭게 하고 아울러 작가 자신의 삶도 풍요롭게 해 준다.
>
> – 스티븐 킹, 『유혹하는 글쓰기』

치유의 글쓰기는 누구나가 경험할 수 있는 글쓰기로써 삶을 긍정적으로 바라보려는 무의식의 소산이다. 그리고 누군가에게는 긍정적 영감을 나눠 주는 교섭의 과정이기도 하다.

글쓰기란 무엇인가

그렇다면 글쓰기란 무엇일까? 이를 요약적으로 살펴보면 다음과 같이 정리할 수 있다.

첫째, 글쓰기는 글을 쓰는 사람의 생각과 감정의 표현이다. 다시 말해 문자인 글을 통해 자신의 관점으로 지식과 경험을 상대방에게 전달하는 것이다. 글은 시간과 공간의 제약을 넘어 독자에게 효과적으로 내용을 전달할 수 있기에 신중하고도 세심한 노력이 필요한 작업이다. 자신의 생각과 감정에 맞는 정확한 단어를 찾아야 하고, 이에 걸맞은 장르를 선택하고 표현해야 한다. 그러기 위해서는 글을 쓰는 사람이 무엇을 어떻게 전달하려고 하는지, 글의 목적은 무엇인지를 파악하고 있어야 한다. 따라서 글쓰기는 일종의 자기표현이다. 소설가 김연수는 글쓰기가 자기표현임을 아래와 같이 고백하고 있다.

> 영혼을 팔아치울 정도로 괴로운 일이었다면, 그래서 견디지 못하고 그 괴로움을 다른 사람들에게 전가할 지경이었다면, 나는 문학을 하지 않았을 것이다. 나를 완전히 던지는 일을 통해 행복을 얻을 수 있는 다른 일을 찾아 나섰을 것이다. 나는 운명도, 운도 믿지 않는다. 믿는 것은 오직 내 몸과 마음의 상태일 뿐이다. 인간이란 할 수 없는 일은 할 수 없고 할 수 있는 일을 할 수 있는 존재다. 나는 완전히 소진될 때까지 글을 쓸 수 있다. 이건 내가 할 수 있는 일이다. 1968년 프랑스에서 학생운동이 극에 달했던 시절. 바리케이드 안쪽에 씌어진 여러 낙서 중에 'Ten Days of Happiness'라는 글귀가 있었다고 한다.

열흘 동안의 행복. 그 정도면 충분하다. 문학을 하는 이유로도, 살아가거나 사랑하는 이유로도.

– 김연수, 『청춘의 문장들』

작가의 글쓰기의 산물로 만나게 되는 것이 문학이다. 이때 문학을 글로 치환하여 읽을 수 있다. 그는 자신이 소진될 때까지 글을 씀으로써 존재의 이유를 드러내고 있다. 이때 자기표현으로서의 개인적 글쓰기가 공적인 글쓰기로 확장될 때 사회적 담론이 만들어지고, 우리는 자연스럽게 그 담론에 참여하게 된다. 사실을 다루는 글들은 SNS나 네트워크를 통해 소통을 가능케 하기 때문이다. 여기서 우리는 글쓰기의 두 번째 정의를 얻게 된다. 글쓰기는 의사소통을 위한 적극적 행위이다. 이는 앞에서도 언급한 바 있다. 불후의 명문은 시간과 공간의 제약 없이, 오랫동안 동서고금의 사람들에게 회자된다.

국문학 저술가인 정민 교수는 “학문 언어나 대중 언어나 글이란 결국 소통을 전제로 하기에 일방적 강의가 아닌 대화를 전제로 글을 쓰면 대중들은 분명 거기에 답하고 열광”하게 된다고 말한 바 있다. 이는 어려운 학문적 글이라도 여러 사람이 읽을 수 있도록 소통하려는 논자의 의지와 노력이 좋은 글의 요건임을 상기시켜 주는 대목이다.

학회를 통해 발표되는 학문적 글쓰기 또한 소통을 목적으로 한다. 다윈이나 칼 융과 같은 과학자나 심리학자들은 자신의 일기를 자신들의 연구와 연계하여 활용하고 있어 개인적 글쓰기가 공적 담론의 글로 확장 가능함을 보여주고 있다. 한편, 사회적 문제를 다루고 있는 글쓰기는 대중과 지성인들의 의미 있는 실천을 촉발시킴으로써 소통을 이끌어 낸다. 이런 점에서 다음의 글은 가슴과 머리에 울림을 남긴다.

지금 강기훈이라는 이름을 기억하는 이들이 얼마나 될까? 그는 그렇게 잊혀야 할까? 그렇게 된다면 대한민국은 결코 올바른 민주주의를 회복할 수 없다. 정치는 남의 일이거나 나와 상관없는 일이 아니다. 정치는 우리의 삶의 방식을 결정짓는 매우 중요한 요소다. 어째서 인문학에서 최근의 시국사건(?)을 다루느냐고 따질 일이 아니다. 이 사건은 대한민국의 정의가 어떤 지경에 있는지, 그리고 인간의 가치가 얼마나 허술하게 다뤄지고 억압되고 있는지를 가르는 매우 중요하고 상징적인 사건이기 때문이다.

– 김경집, 「강기훈 사건과 김지하」

이 글은 2014년 2월 13일 서울고법 제10형사부가 유서대필 사건의 주인공 강기훈에게 무죄판결을 내리기 전, 대중에게 진실을 호소하는 김경집 교수의 글이다. 김 교수는 당시 대한민국 검찰과 수뇌부들이 조작한 강기훈의 사건을 직시하며 인간의 가치와 인권을 대중에게 묻고 있다. 이렇듯 한 편의 글은 자신의 생각을 때로는 단호하게 대중들과 전달하려는 의도를 분명히 한다.

그 밖에 비즈니스를 위한 글쓰기는 자신의 사업의도를 상대방에게 전달하려는 목적을 갖고 있다. 실제 비즈니스 과정에서 글쓰기는 프레젠테이션으로 연계되어 짧은 시간에 효율적으로 업무의 목적과 결과를 설명해야 한다. 비즈니스 글쓰기의 요체는 핵심 전달이다. 아무리 좋은 아이디어를 가지고 있더라도 설득력 있게 업무 내용을 설명하지 못하면 실패의 원인이 된다. 즉, 설득력 확보를 위해 근거자료를 충분히 제시해야 한다. 이와 같은 실용적 글쓰기는 사업의 실질적 목표 달성과 연계되어 있기에 글쓰기의 목적과 의도를 분명히 해야 한다.

글쓰기의 영역별 특성

글쓰기는 글감에 따라 인문학적 글쓰기, 사회과학적 글쓰기, 과학기술적 글쓰기로 나누어 살펴볼 수 있다. 인문학적 글쓰기가 인간의 삶과 태도에 관심을 갖고 창조적 사상을 만들어가는 글쓰기라면 사회과학적 글쓰기는 사회의 구조와 현상 탐구를 위해 사회과학적 방법을 적용하며 때에 따라서는 인문학적 주제를 덧붙이기도 한다. 반면 과학기술적 글쓰기는 과학기술 분야의 내용을 토대로 전문적 지식이 논리적으로 구성된다. 어느 분야의 글쓰기이든 필자는 글쓰기 과정 속에서 자신과 길항하는 주제와 부딪치며, 자신의 생각을 각자의 개성에 맞게 독자를 설득해 나간다. 이때 필요한 자세는 비판적 사유와 열린 태도이다.

최근 인문학의 위기가 거론되는 와중에도 인문학 강의와 글쓰기의 열풍이 불고 있다. 이러한 관계를 다음 글에서 살펴보기로 하자.

> 인문학 위기의 출발은 정부 정책만이 아니라 대중과의 소통 수단을 잃어버린 인문학 스스로의 담 쌓기와도 무관하지 않다는 생각이다. 인문학자의 보람과 영향력의 근원은 대중과 교감하고 그 대중을 보다 높은 차원으로 안내하고 이끌어갈 수 있는 제대로 된 글쓰기이다. (중략) 요즘 우리 대학에선 글쓰기 교육이 실종되면서 자기 생각을 글로 제대로 풀어내지 못하는 인문학자들이 적지 않다. 인문학이 되살아나려면 대학 안에서 글쓰기 혁명이 일어나야 한다. 고기가 물에서 헤엄치듯 인문학자들이 언어의 바다에서 맘껏 놀 수 있어야 한다.
>
> –「인문학의 부흥은 제대로 된 글쓰기로부터」, 『중앙일보』, 2006. 9. 21.

인문학은 사람의 마음을 읽는 학문으로 앞서 밝혔듯이 사람들과 소통 그 자체가 중요한 기능이자 소양이다. 그런데 대학 내 제대로 된 인문학과 글쓰기가 실종되었다고 비판하는 신문 사설의 목소리가 우렁차다. 인문학에 대한 기대가 그만큼 크다는 말이다. 또한 인문학을 담보해 내는 제대로 된 글 또한 만나기 어렵다는 이야기이기도 하다.

인문학적 글쓰기는 인간의 삶에 대한 통찰과 사유를 다양한 형태로 표현할 수 있다. 인문학은 인간의 욕망과 철학, 역사와 예술의 문제를 넘어 사회와 세계의 문제로 확장된다. 따라서 인문학적 글쓰기는 사실과 진실의 파악과 규명을 필요로 하다 보니 논리의 중요성이 더욱 요구된다.

사회과학적 글쓰기는 다양한 사회현상과 인간 사이의 상황을 탐구하고, 사회의 작동원리를 밝혀내려는 의도를 담고 있다. 따라서 인문학적 글쓰기보다 많은 통계자료 등 실증적 근거가 필요하며 이를 해석하는 분석적인 능력이 필요한 분야이다. 최근 들어 학문 간의 통섭을 겨냥하는 총체적인 시각이 요구되면서 이렇게 인문학 및 사회과학 영역의 글쓰기는 서로의 영역을 넘나들기도 한다.

다른 한편, 이공계 학생들의 의사소통능력이 사회적으로 요구되면서 과학적 지식을 활용하여 다양한 기술문화 현상을 서술하는 과학기술 글쓰기가 대두되고 있다. 과학 및 IT 기술의 발전 때문에 대중들에게 전문적 이론을 효과적으로 전달하는 글쓰기가 필요해졌기 때문이다.

이렇게 글쓰기는 자신의 생각을 바탕으로 각자가 선택한 전문영역의 지식을 통해 대중과 의미 있는 소통을 이끌어 내며 그 일익을 담당하는 데 의의가 있다.

2 글쓰기의 과정

글이란 모름지기 생각하고 표현하는 것과 관련된 일련의 과정을 통해 탄생한다. 그 과정은 크게 구상과 자료 조사 및 계획으로 이루어진 글쓰기 전 과정pre-writing, 표현 및 내용구성으로 이루어진 글쓰기 과정writing, 그리고 글을 검토하고 수정하는 글쓰기 후 과정post-writing으로 구성된다. 그 중에서 이 단원에서는 글쓰기 전 과정과 글쓰기 후 과정만을 살펴보기로 한다. 글쓰기 과정에 해당하는 구성 및 표현은 글을 쓰는 실질적인 단계이자 기술적인 세부 논의가 필요한 부분이라 이 책의 I-3 '글의 구성'과 I-5 '표현과 문장'을 통해 구체적으로 학습해 보자. 한편 이 세 과정은 한 편의 글을 완성하기 위해 반드시 거쳐야 하며, 단계별로 수행되는 것이 좋다. 왜냐하면 각 작업은 유기적으로 연결되어 있을뿐더러 앞의 작업은 항상 뒤의 작업이 수행되기 위한 전제 조건이기 때문이다. 그리고 각각의 작업은 다음과 같은 세부 작업을 포함한다.

글쓰기 전 과정

무엇에 관해 쓸 것인지 글의 소재를 선택하고 그것의 어떠한 면을 살필 것인지 글의 주제를 구상하는 일에서부터 글쓰기, 그리고 글쓰기 전 과정은 시작된다. 소재와 주제의 구상 단계 다음에는 자료 조사 과정이 뒤따른다. 소재에 관한 연구사 검토를 통해 기존의 논의 중에 수용할 것과 극복할 것을 선별하고, 다양한 문헌을 참고하여 주제를 규명하기 위한 방법론을 정립한다. 이렇게 구상과 조사 단계가 마무리되면 글을 쓰기 위한 설계도인 개요를 작성하는 것으로 글쓰기 전 과정을 완료한다.

소재의 선정

글의 소재는 미리 주어지는 경우도 있지만, 최근 대학의 전공 또는 교양 강의에서는 학생들이 스스로 찾아내는 것을 독려하는 추세이다. 교육 및 학습 효과를 높이기 위해 교수자가 강의의 주제에 맞춰 소재의 범주를 어느 정도 제한하는 경우가 있더라도 학생들은 그 안에서 자신만의 소재를 발굴해야 한다. 가령 '현대사회와 미디어'라는 강의에서 교수자로부터 현대사회의 미디어를 소개하고 그 특성을 규명하는 글을 써 보자는 제안을 받는다면 우선 현대사회의 다양한 미디어들을 떠올린 뒤, 그 중에 하나 또는 서로 밀접한 연관이 있는 몇 개의 미디어를 글의 소재로 선정해야 한다. 그 과정을 잠깐 예시해 보자. 현대사회를 구성하는 다양한 미디어들, 즉 신문, 라디오, 영화, 텔레비전, 케이블, 인터넷, 팟캐스트, SNS 등을 열거하고 나서 이 중에 하나 또는 몇 개의 미디어를 소재로 선정해야 한다.

소재를 떠올리는 일은 그리 어렵지 않고 중요하지도 않다. 그것들 중에 내 글의 소재를 선택하는 일이 중요하고 따라서 어렵다. 무엇을 선택할 것인가?

소재 선택의 기준은 대학에서의 글쓰기가 무엇인지를 재음미하는 순간 명확해진다. 대학에서의 글쓰기란, 어떤 대상의 의미와 가치를 규명하는 사고와 표현의 행위이다. 따라서 소재 선택의 기준은 의미와 가치를 규명해 볼 만한 것인가 그렇지 않은가이다. 가령 그 자체로 중대한 변화라거나, 어떤 다른 변동과 밀접한 연관이 있는 것, 아니면 전혀 새로운 것이라 소개해 볼 만하다거나 반대로 점차 사라져가는 것이라 다시 조명해 볼 필요가 있는 것이라면 좋다. 예를 들어 인터넷은 양방향 의사소통이 본격화된 미디어라는 점에서, SNS는 사적인 영역과 공적인 영역의 경계가 모호해지는 현대의 사회 변동이 반영되어 있다는 점에서 소재로서의 가치가 있다. 또한 SNS는 젊은 세대를 중심으로 이제 막 급부상한 의사소통 미디어이고, 신문은 지금은 비록 소수의 미디어로 전락했으나 오랫동안 가장 강력한 대중의 미디어였다는 점에서 소재로서 충분한 가치가 있다.

그렇다고 소재가 될 수 있는 자격이 꼭 이런 것에만 국한되지는 않는다. 소재 선택의 더욱 중요한 잣대는 오히려 글을 쓰는 사람의 참여 가능성 여부이다. 즉 평소에 관심이 많다거나 잘 알고 있는 것이 될수록 글을 쓰기가 쉽다. 물론 예상 독자들의 흥미를 유발할 수 있는 것 또한 소재로서의 자격이 충분하다. 관심과 흥미의 차원에서는 그 외에도 여러 사람들이 관심을 갖는 것, 즉 다양한 분야와 미디어에서 관심을 갖고 다루는 것을 소재로 선택하는 것도 좋다. 관심이 집중된 것일수록 그것에 접근하는 관점과 그것에 관한 생각이 다양하다는 것을 뜻하기 때문에 소재로서 더할 나위 없이 좋다.

정리해 보면, 글을 쓰는 사람뿐만 아니라 그 글을 읽는 사람들 또한 관심 있는 것, 그리고 여전히 다양한 관점과 할 말이 많은 것일수록 소재로서의 가치가 높다. 이런 관점에서 볼 때 위의 사례에서 SNS는 다른 어떤 것보다 소재가 될 가능성이 크다. SNS는 현재 대학생들이 가장 많이 참여하는 미디어이자, 세대를 막론하고 관심이 집중된 대상이다. 학문분야에서도 과학기술과 인문사회 모두 중요한 연구의 대상이며, 최근 전 세계적으로 이를 소재로 한 많은 영화들이 만들어지고 있는 추세이기 때문이다. 결국, 누구나 관심을 갖되, 누구나 같은 말을 반복하지 않는 논쟁적인 것을 소재로 선정해야 한다.

좋은 소재의 요건

시의성이 있는 것
재조명이 필요한 것
관심이 집중된 것
흥미를 유발하는 것
논쟁적인 것

주제의 구상

주제란 글의 핵심내용으로서 글의 중심 소재일 뿐만 아니라 그것에 접근하는 태도나 관점, 또는 그것에 관한 글쓴이의 중심 생각을 포함한다. 주제를 정할 때에는 글을 쓰는 사람의 관심사를 먼저 떠올리고 그 중에서 더 깊이 생각해 보고 싶은 내용이나 그에 관한 중심 생각을 명확하고 구체적으로 한정할 필요가 있다. 그래서 주제를 구상하는 절차는 다음과 같이 가주제,

참주제, 주제문으로 점점 한정되고 구체화되는 방향으로 진행된다. 이를 간략히 살펴보면 가주제 단계에서는 소재에 관한 일반적인 생각을 정리하고, 참주제에 관해서는 소재에 관한 특정한 관점을 선택하고, 주제문 단계에서야 비로소 소재에 관한 특정한 관점에서 도출된 글쓴이의 중심 생각을 제시한다.

㉠ 가주제 : 소재에 관한 일반적인 문제의식
㉡ 참주제 : 소재에 관한 특정한 관점
㉢ 주제문 : 특정한 관점에서 도출된 소재에 관한 중심 생각

이 과정을 거쳐 제시된 주제문의 형식은 다음과 같다.

주제문 : A는 B의 관점에서 볼 때 C이다.
(A=소재, B=관점, C=중심 생각)

이때 A는 주제 구상의 전단계인 소재 선정 과정에서 선택된 소재이고, B는 소재의 특정한 면이나 그것에 접근하는 관점, C는 소재의 특정한 면 또는 관점을 경유해 만들어지는 글쓴이의 중심 생각이 된다. 가령 현대사회의 중요한 화두가 된 빅데이터를 글의 소재로 선정한다는 가정에서, 가주제 단계에서는 '빅데이터는 현대인들의 현재 삶을 분석하고 미래의 삶을 예측하는 데 중요한 방법론적 도구이다'라는 일반론을 떠올린다. 그리고 참주제 단계에서는 이것을 논증할 빅데이터의 하위 유형이나 그것에 관한 관점으로서, '빅데이터를 활용한 예술 창작의 문제'로 구체화한다. 그리고 최종적으로 '빅데이터를 활용한 예술 창작은 예술의 규범화 또는 획일화를 유발한다는

점에서 문제적이다'라는 구체적이고 명확한 주제문을 제시하는 것으로 주제 구상을 완성한다. 이렇게 주제를 구상하는 일은 사실 소재를 선정하는 일에서부터 시작되나, 다음 단계인 자료조사 과정을 통해 구체화된다. 그러나 아이디어를 떠올리는 일반적인 방법 역시 도움이 된다. 글의 주제를 구상하는 데 활용해 봄직한 아이디어 생성 방법은 다음과 같다.

아이디어 생성 방법

① 목록 작성하기

소재를 적고, 일정한 시간 동안 그 소재와 관련하여 머릿속에 떠오르는 단어, 구들을 아무런 제약 없이 적어 나간다. 시간이 종료되면 목록을 검토하면서 서로 관련이 있는 것들을 몇 개의 그룹으로 묶고, 관련이 없거나 덜 중요해 보이는 것들은 지운다.

② 자유연상 쓰기

소재를 적고, 아이디어가 소진될 때까지 소재에 관해 생각나는 것을 문장 단위로 쓴다. 다 쓰고 나서 중요한 문장들에 표시를 하고, 연관된 문장들을 묶어 본다.

③ 다발 짓기

소재를 적고, 그 소재에 관한 일련된 생각들을 하나의 묶음으로 이어 써 보자. 생각의 연쇄가 소진되면 다른 방향에서 또 하나의 묶음을 이어 써 보자. 그 묶음들 중에서 중요한 것, 심도가 깊은 것들을 표시해 보자.

④ 벤다이어그램 만들기

둘 이상의 소재를 적고, 각각의 소재에 해당하는 큰 원을 부분적으로 겹치게 그린 다음, 겹치는 공간에는 공통점을, 그 좌우 공간에는 차이점을 적는다.

⑤ WH 질문하기

소재를 적고, 그 소재에 관해 평소에 궁금한 것들을 질문의 형식으로 작성한다. 소재의 의미와 가치를 규명하는 데 반드시 필요한 질문에 표시를 한다.

이런 절차를 거쳐 주제를 구상할 때 좋은 주제가 되려면 창의성, 객관성, 시의성 등 세 가지 요건을 충족해야 한다. 이는 대학에서의 글쓰기가 지향하는 두 가지 목표인 창의성과 객관성을 만족시키기 위한 방법이며, 더 나아가 현재의 삶에 지속 가능한 개입과 참여의 방법으로서 글쓰기의 존재 의의를 실천하는 방법이다. 즉, 좋은 주제는 새로운 것이거나 다른 시각에서 재조명되는 것이되, 다른 사람들에 의해서도 타당하다고 인정되어야 하며, 아무리 과거의 것이라 해도 현재의 삶과 연관된 것이거나 현재 위치에서 충분히 논의할 가치가 있는 것이어야 한다.

자료 수집과 정리하기

소재와 주제를 정했다면 글을 쓰기에 앞서 관련 자료를 수집하고 정리하는 과정이 필요하다. 어떤 주제에 관해 글을 쓰기 위해서는 그것에 관한 선행 글들은 물론 글의 소재에 관해 새로운 관점을 제시하는 참고 문헌 등을 읽어야 한다. 또한 주제를 아직 구상하지 못했다 하더라도 소재에 관한 특정한 관점이나 중심 생각을 구체화하기 위한 방법으로 자료를 조사하는 일은 반드시 필요하다.

대학생에게 요청되는 글이란 응당 독창성과 객관성이 요구된다. 자신의 글이 어떤 점에서 새로우며, 또 그러면서도 보편타당한지를 보여주는 방법은 다른 글들과의 관계 속에서 글을 쓰는 수밖에 없다. 따라서 자료의 수집과 정리는 다른 글들을 정확하게 이해하고, 객관적으로 평가하는 일, 그것을 수용할 것과 지양할 것으로 구분하여 정리하는 일로 구성된다. 그것의 구체적인 작업들을 예시하면 다음과 같다.

디지털 미디어의 발달로 인해 대부분의 학술자료는 데이터베이스DB화되어 있다. 과거에는 한 편의 글을 완성하기 위해 도서관에서 1차 자료가 되는 원 텍스트나 단행본 또는 학술지 등 연속간행물에 실린 논문 등 2차 자료를 찾아 읽어야 했으나, 지금은 간단한 검색을 통해 거의 모든 자료들에 접속하거나 그 자료들을 개인 컴퓨터에 저장할 수 있다. 따라서 자료 조사의 순서를 정해 잘 따르면 조사 자체에 필요한 시간을 단축할 수 있다.

자료 조사의 첫 번째 단계는 자신이 쓰고자 하는 글의 주제와 관련된 최신의 선행 연구를 검토하는 일에서부터 시작한다. 글의 소재나 관점 등을 키워드로 국내외 대학 도서관, 국립중앙도서관, 국회도서관, 학술지 DB 등의 검색창에 입력하여 검색 결과를 얻는 것이 좋다. 선행 연구 자료를 우선 검토해야 하는 이유는 기존의 연구 성과로부터 수용할 것과 지양할 것을 분별해야 하기 때문이기도 하거니와, 선행 연구의 참고 문헌 목록으로부터 주제 구상에 필요한 관점이나 방법론의 아이디어를 얻을 수도 있기 때문이다.

글을 쓰기 위해 필요한 자료는 문헌에만 국한된 것은 아니다. 따라서 자료 조사의 두 번째 단계는 문헌 외 자료들을 조사하는 것이다. 예를 들어 인터뷰를 한다거나 설문 조사를 통해 지금-여기의 생생한 자료를 조사할 필요가 있다.

이렇게 자료 조사가 마무리되었다면 수집한 자료들을 정리하는 단계가 자료 조사의 세 번째 단계이다. 이때 중요한 것은 1차 자료와 2차 자료, 그리고 자료 조사자의 생각과 글을 구분하여 정리하는 것이다. 이렇게 하는 이유는 글을 쓸 때 표절의 위험을 예방하기 위해서이다.

그리고 자료를 조사하는 과정에서 항상 염두에 두어야 할 것은 글의 소재 및 주제와 관련 해당 분야 권위자의 문헌이나, 권위 있는 학술지 또는 인용 빈도가 높은 자료를 중심으로 조사하고 정리해야 한다는 점이다.

개요 작성하기

개요는 글의 내용과 순서 등 글의 구조를 미리 계획하는 설계도이다. 개요를 작성할 때 가장 염두에 두어야 할 것은 글의 목적이다. 설명을 목적으로 하는 글의 개요는 설명하려고 하는 대상의 부분과 전체를 일목요연하게 보여주는 차례로, 논증을 목적으로 하는 글에서 개요는 주장과 근거의 논리적 정합성을 확보해야 한다. 또는 문제 해결을 목적으로 하는 글의 개요는 원인과 결과, 문제와 해결 방안이 유기적으로 통합된 구조로 설계되어야 한다.

그 외에도 개요를 작성하는 과정에서 주의해야 할 것은, 바로 개요를 구성하고 있는 여러 가지 항목들의 균형을 유지하는 것이다. 이를 위해서는 분류의 개념에 대한 정확한 이해가 필요하다. 상위 항목으로서의 유개념과 하위 항목으로서의 종개념 사이의 위계질서를 잘 지켜야 한다. 상위 항목은 하위 항목을 모두 아우를 수 있는 것이어야 하며, 상위 항목 또는 하위 항목 사이는 대등해야 한다. 이때 내용뿐만 아니라 기호 역시 통일해야 한다.

글쓰기 과정

글쓰기 과정은 글쓰기 전 과정의 마지막 작업으로 작성한 개요에 맞춰 글의 내용을 구성하는 것을 목표로 한다. 이때 중요하게 염두에 두어야 할 것들이 바로 어휘의 선택이나 문장 구성, 그리고 문단의 구성 및 서론과 본론, 결론의 논리적 배치 등이다. 글을 쓰는 실질적인 단계로서 글쓰기에 대한 막연한 두려움을 불러일으키는 골칫거리처럼 보이지만 글쓰기 전 과정에서 사전 준비가 충실하다면 가장 빠른 속도로 수행할 수 있는 수월한 과정이다. 글쓰기 과정에 대해서는 이 책의 I-3 '글의 구성'에 상술되어 있으므로 글쓰기 과정의 중요한 부분인 문단쓰기에 대해서 알아보자.

문단이란 서로 관련된 몇 개의 문장이 모여서 '하나의' 중심 생각을 발전시키는 글쓰기의 기본 단위이다. 문단은 그 문단에서 다루는 대상에 관한 중심 생각을 전달하는 주제문과 그것의 근거가 되는 다수의 뒷받침 문장들로 구성된다. 뒷받침 문장은 문단의 화제문과 관련된 구체적인 내용을 담고 있어야 하며, 중심 생각을 부연하거나 강조하는 내용으로 서술되어야 한다. 문단을 바르게 구성하기 위해서는 모든 문장들이 하나의 화제로 수렴되는 통일성을 유지해야 하며, 문장 사이의 관계가 논리적이고 자연스럽게 연결되는 긴밀성을 갖추어야 한다. 문단은 글을 구성하는 가장 기본 단위로서, 문단쓰기 능력은 글쓰기 능력과 직결되어 있다.

글쓰기 후 과정

글쓰기 후 과정은 한 번 완성된 글을 처음부터 다시 읽고 수정하는 다시쓰기(퇴고)이다. 다시쓰기란 단순히 어휘나 문장 단위의 오류를 수정하는 데 그치지 않고, 글의 전체 체재를 바로 잡거나, 논지 전개의 논리성 또는 내용의 적절성 등을 보완하기 위한 적극적인 퇴고 작업까지 포함한다. 다시 한 번 강조하건대 글쓰기 전 과정, 글쓰기 과정, 글쓰기 후 과정 중 어느 단계도 글쓰기의 과정에서 소홀히 취급되어서는 안 된다. 특히 이 다시쓰기는 단순히 '글'이 아닌 '좋은 글'을 쓰기 위해 꼭 필요한 과정이다.

이처럼 한 편의 글이 완성되기 위해서 반드시 필요한 과정이 다시쓰기이다. 글은 고쳐 쓰면 쓸수록 좋아진다. 현재 대학생들이 자신의 글에 만족스럽지 못한 이유 중 하나는 충분히 다시 쓸 과정이 부족하기 때문이기도 하다. 따라서 글을 다듬는 방법을 학습하고 꾸준히 고쳐 쓰는 습관을 갖는다면 자신의 글에 대한 만족도가 더불어 상승한다.

글을 다듬는다고 할 때 가장 먼저 오탈자 수정 및 맞춤법 교정을 떠올리는 사람이 대부분일진대, 글의 구성에 일관성이 있으며 글의 전개가 논리적인가를 먼저 염두에 두는 것이 좋다. 글의 중심 내용과 관련 없는 부분을 덜어 내거나, 논지 전개상 반드시 필요한 정보를 채워 넣는 것, 그리고 긴밀성을 고려해 문장 또는 문단의 배치를 조정하는 것이 다시 쓰는 과정에서 보다 중요한 일이다. 그 다음에 의미를 명확하게 전달할 수 있도록 문장을 간결하게 정리하거나 어휘를 대체하는 것이 올바른 다시쓰기의 순서이다.

다시쓰기를 할 때 자신이 쓴 글을 소리 내서 읽는 방법을 활용해 보는 것도 도움이 된다. 눈으로 읽을 때에는 자신의 문장과 거리가 생기지 않아 오류를 쉽게 발견하기 힘드나, 자신의 문장을 청각으로 수용하면 문장의 호흡이나 맥락 등의 오류가 좀 더 쉽게 발견되기도 한다.

웹툰 〈미생〉의 한 에피소드에서 다시쓰기의 한 사례가 소개된 적이 있다. 그때 인용되었던 문장을 다시 써 보자. 불필요한 문장을 줄이고, 전달하고자 하는 내용을 명확하게 하는 것, 그리고 무엇보다 글쓴이가 주체적으로 문장을 이끌고 글을 구성하는 것이 다시쓰기에서 가장 중요한 것이다.

중동항로와 관련된 특이사항

이슬람 최대 명절 중 하나인 라마단이 지난 8월 18일에 끝났습니다.
따라서 중동항로의 거래량과 실재 적재비율이 다시 늘어날 것으로 보입니다.
(라마단 직원의 실재 적재비율은 95%에 육박했습니다.)
또한 중동항로 선사협의체에서는 2012년 7월 중 컨테이너 당
300달러의 성수기 할증료를 부과할 예정이었으나 이를 유예했습니다.

3 글의 구성

글을 쓸 때 너무나 자명해서 우리가 간혹 잊어버리는 한 가지가 있다. 바로 모든 글은 '시작-중간-끝'의 세 덩어리로 구성된다는 점이다. 시작-중간-끝 부분을 우리는 흔히 다른 말로도 지칭하는데, 시작은 서론이나 도입부 또는 들어가는 말로, 중간은 본문이나 본론으로, 끝은 결론이나 맺는말, 나가는 말 등으로 부른다. 이 세 가지는 글의 유형이 사업제안서가 되었든, 수필 또는 프레젠테이션 발표문이 되었든 서로 다른 목적의 글임에도 불구하고 기본적으로 갖추어야 할 글의 공통 요건이다. 이 장에서는 글의 각 구성마다 염두에 두어야 할 점이 무엇인지 생각해 보고, 그 내용을 구체적으로 살펴본다.

글의 기본 틀		
	시작 (서론)	• 이야기하고자 하는 바가 무엇인가? (글의 목표와 방향, 내용 구조 및 연구 방법 소개) • 흥미로운 문제 제기인가? (현안 문제와 독자의 관심 유발) • 왜 그것에 대해서 논의하려고 하는가? (맥락과 문제의식 및 논의의 필요성)
	중간 (본론)	• 현안 문제의 전후 사정을 구체적으로 설명하였는가? (논의 대상과 범위, 개념 및 맥락의 상세한 설명) • 주장에 대한 근거와 설명이 제시되어 있는가? (논증의 치밀한 분석과 전개) • 본문의 구성 부분들이 유기적으로 맞물려 있는가? (내용의 전체적 짜임과 체계성)
	끝 (결론)	• 의도한 글의 목표에 도달하였는가? (내용 요약, 연구결과 정리) • 남은 문제 및 해결 방안과 전망이 제시되었는가? (문제 해결의 의의와 대안 제시) • 자기 생각이 총체적으로 드러나는가? (자신의 고유 관점과 함께 강조하기)

시작[서론]

글을 시작할 때 유의할 점

글의 서두를 열기란 쉬운 일이 아니다. 독자는 첫 문장에서부터 주어진 글을 얼마나 관심 있게 읽어낼 것인지를 맘속으로 정할 것이다. 그러나 전혀 겁먹을 필요는 없다. 멋진 글, 훌륭한 기술을 처음부터 욕심낸다면, 글이라는 전체 한 덩어리는 제대로 채워지기 어렵다. 시간을 두고 자문해 보자. 글 속에 다루려는 주제와 의미에 대해서 깊이 고민해 보았는가? 만약 써내려갈 중심 내용에 관해서 자기 스스로 진지한 숙고를 거쳤다면, 서두의 첫 문장은 생각보다 쉽게 써질 것이다.

가령 안락사 허용 문제를 놓고 안락사의 종류와 방법 그리고 여러 사건 예시에 관해서만 생각해 놓았다고 해 보자. 그런데 정작 식물인간의 상태에서 자의적으로나 타의적으로 인간이 맞이하게 될 죽음, 어쩌면 나의 죽음이 될지도 모르는 마지막 순간에 대해 생각해 보지 않았다면, 그러한 글의 시작은 어떠할까? 진중한 성찰 속에 한 걸음 내디디고 쓰는 첫 문장은 그러므로 느리게 쓰인다.

물론 글을 전개하고 결론에 도달하기까지 밟아야 할 여러 단계가 남아 있다. 무엇으로 시작해서 어느 길을 지나 어떤 길을 거쳐, 결국 어디로 당도할 것인가? 주제가 지닌 의미를 글의 진행과정 속에 어떻게 꾸려갈지 고민하는 일은 생각보다 많은 시간을 요한다. 하지만 주제에 대한 반성을 통하여 다수의 내용을 꿰뚫을 수 있는 통일된 개념을 찾아낸다면 이야기는 다르다. 예컨대 안락사의 경우, 안락사를 통한 '죽음'이라는 개념을 잡고 안락사 논쟁의 구체적 의미와 전체 디자인을 구상해 볼 수 있다.

깊이 있게 생각하고, 이를 통해 어렵지 않게 독자에게 다가갈 수 있는 쉬운 문장을 서두에 표현해 보자. 글의 세부주제를 작성해서 본격적으로 써내려가는 작업은 커다란 주제와 주개념에 대한 숙고 후에 조금씩 채우고 가다듬으면 될 일이다.

서론에 들어갈 내용

서론은 의미 없는 단락이 아니다. 본론 앞에 형식적으로 위치하는, 있어도 그만 없어도 그만인 글이 결코 아니다. 서론에도 분명한 임무와 역할이 있다. 글쓴이에게는 글을 읽는 독자가 호기심을 품고 본론으로 들어가도록 이끄는 임무가 있고, 그러한 이유로 서론이 본론에 대한 '도입부' 역할을 지니고 있음을 우리는 상기할 필요가 있다. 즉 서론에도 글쓰기에 갖추어야 할 요소들이 있고 내용 줄기가 있는 것이다. 그러면 글의 다양한 종류와 형태에도 불구하고 서론에 공통으로 담을 내용은 무엇일까?

첫째는 '주장하려는 바가 무엇인가'이다. 기-승-전-결이나 현상 파악-문제 제기-원인 분석-해결 방안-정리의 단계적 글쓰기 방식도 있지만, 보통 핵심 주장을 미리 서론에서 얘기하거나 자기 관점을 밝히며 주장을 명기하면 독자가 내용을 좀 더 쉽게 이해할 수 있다. 하고 싶은 이야기가 글쓴이의 머릿속에 정리되지 않은 채, 처음부터 너무 많은 내용과 주장들이 서론에 등장한다고 생각해 보자. 그러한 서론은 쓰고자 하는 바를 적절하게 드러내지 못한다. 이는 오히려 독자를 혼란스럽게 하는

지름길이다. 이야기가 파편적으로 길어지는 것도 독자를 지루하게 할 가능성이 크다. 또 주제와 관련하여 개인의 경험담을 길게 쓴다든지, 자신의 주관적 이야기를 과도하게 강조하는 것은 장황한 서론을 만들고 만다. 본론에 대한 개략이나 꼭 필요한 배경 설명, 개념 설명이 빠진 서론도 글 전체의 전개 과정을 매끄럽지 못하게 만든다. 서론의 중심 역할은 제시된 본문의 핵심 주장이 무엇인가에 초점을 맞추는 일이다. 만약 주된 내용이 줄기세포 실험과 인간의 정체성 문제를 다루는 것이라면, 전문 개념을 간단하게 해명해 주며 출발하는 것이 쉬운 시작이다. 앞으로 논의하려는 내용의 목표를 뚜렷이 제시하고 자신의 태도와 방향을 밝히며, 더불어 본론의 내용 구조 및 연구 방법에 대한 구분도 명기한다면 중심 잡힌 서론이 될 수 있다.

둘째로 서론은 문제 제기를 흥미롭게 제기할 필요가 있다. 본론에 비해 짧은 양이지만, 독자의 관심을 끌어내고 흥미를 유발하는 물음을 던지기에 서론은 충분한 공간이다. 이때 자연스럽게 독자의 주의를 모으는 방법에는 몇 가지가 있다. 주로 고전의 일부나 유명인의 어록을 가져오는 경우가 흔한데, 예를 들어 "계속 갈망하라, 여전히 우직하게Stay Hungry Stay Foolish!"라는 스티브 잡스의 말은 이제 수많은 사람에게 사랑받는 인용구가 되었다. 문화와 관습에 관련된 주제라면 속담이나 역사적 교훈으로 시작하는 것도 자신감 있는 글의 면모를 보여준다. 아니면 개인적 추억의 단편을 꺼내 오는 문장도 글쓴이의 정직함을 보여주고 글의 참신함을 높인다. 그 밖에 글의 유형에 따라 '대한민국은 스마트폰 천국이다.'와 같이 일상적 현안 문제로부터 출발하는 서론도 생각해 볼 수 있다.

그러나 흥미로운 서론에도 불구하고 주의할 점이 하나 있다.

바로 서론에서 언급한 문제 제기나 주장이 어떻게 해서 나오게 된 것인지, 연구 배경 및 동기를 독자에게 짚어 주는 일이다. 왜 그것을 논하려 하는지, 그 이유를 간단히 설명해 주는 친절한 서론을 기해 보자. 본론에서 중점적으로 이야기하려는 내용의 전후 사정이나 선행 연구, 논의의 중요성 등을 서론에서 언급해 주면 글의 전말을 이해하는 데 도움이 된다. 논의 대상에 대한 문제의식을 밝히면서 앞으로 이어질 논의의 필요성을 강조하는 계기가 되어 주기 때문이다.

서론은 결코 소홀히 다루어야 할 단락이 아니다. 본론에서 이야기할 내용 구조만 언급하고 멋없이 끝나는 단락도 아니다. 짧지만 강한 인상을 남길 수 있는 부분이다. 독자는 전체 글의 흐름을 가늠하는 데 훌륭한 이정표를 갖고 본론으로 넘어갈 수 있다. 조급함 없이, 먼저 주제에 대해서 심도 있는 생각을 정리하자. 그리고 무엇을 중요하게 여겨 이야기할 것인지부터 확정해 무겁지 않은, 여유 있는 서론을 써 보자.

중간[본론]

본론을 전개할 때 유의할 점

본론은 글의 척추와도 같다. 작은 내용이 짜임새 있게 모여 글의 지지기반을 튼튼하게 잡아 주는 부분이 바로 본론이다. 그러나 어떤 이는 본론에 앞서 미리부터 조바심과 부담감을 느낄지도 모르겠다. 서론이나 결론에 비해 차지하는 비중도 상당한 데다 구체적으로 어떤 생각이나 현상 또는 연구・실험 내용 등을 본문에서 논리적으로 펼쳐 나가야 하기 때문이다. 사회적 이슈나 전문분야의 글쓰기라면 관련 개념들은 더욱 늘어날 것이다. 정의와 설명, 분석 및 통계자료와 부가적 해석까지 많은 것들이 본론의 범위로 들어온다. 그러나 전혀 염려할 필요는 없다. 느긋함이 제일 중요하다. 탄탄한 자료 조사를 거쳤고 주제의식이 명확하다면, 준비한 내용을 토대로 '서두름 없이' 전달하고 가다듬는 것에 집중하면 된다.

그런데 서둘지 않고 본론을 쓴다는 것은 무슨 의미일까? 그것은 좋은 글, 훌륭한 논문이나 최고의 자기소개서와 같이 '성공적인' 글을 쓰길 원한다는 생각조차 잊는 것이다. 진정성 있게 성실하게 쓰겠다는 마음의 자세가 기본이다. 여기에는 다음과 같은 몇 가지 요령이 있다.

첫째는 글의 길을 닦아 두는 것이다. 글쓰기에도 통하는 길이 있다. 소제목을 가진 절들이 있고 문단과 단락들이 있다. 거리에 커다란 대로변이 있고 옆으로 들어가는 길, 뒤로 나 있는 작은 골목이 있는 것과 마찬가지이다. 따라서 한 덩어리의 큰 이야기는 몇 개의 중심 문장으로 나누어 표지판을 세워 둔다. 미리 고민해 둔 흥미롭고 좋은 아이디어가 있다면 큰 줄기 역할을 하는 중심 문장에 그 푯말을 세워 두자. 그러면 목적지까지 글을 수월하게 전개할 수 있다. 동시에 주제를 효과적으로 전달하며 글의 논리적 흐름도 자연스럽게 잡아 준다. 그러므로 전체 글 속에 정비한 주요 길들이 제대로 나 있는지부터 점검해 보자.

둘째, 본론은 내용의 전개 속도가 급하지 않아야 한다. 여기에는 점진적으로 문장을 기술하는 주의가 필요한데, 왜일까? 단락마다 내용의 통일성을 견지하는 것이 글을 쓰는 데 매우 중요하기 때문이다. 매 단락에 하나의 핵심 생각을 넣는다고 생각하고 글을 써 보자. 하고 싶은 말을 점진적으로 전달하는 것, 즉 말하고자 하는 중심 내용을 한 문장 한 문장 독자에게 확연하게 보여준다고 생각하면 마음이 가볍다.

예를 들어 다음의 학생 글을 살펴보자. 목표는 인터넷의 선정적이고 자극적인 정보들을 비판하는 것이다.

"사실상 연령에 관계없이 누구나 접속해서 볼 수 있는 개인 인터넷 방송에서 아동 학대 장면을 방송하거나 불법 도박을 홍보하고, 선정적인 장면을 여과 없이 내보내는 일까지 벌어지고 있다. 한 인터넷 방송 진행자는 심야에 자신의 어린 딸과 맥주를 마시는 장면을 방송에 내보내 아동 학대 논란을 불러일으켰고, 한 다른 여성 출연자는 신체 부위를 가감 없이 노출하는가 하면, 불법 사설 도박을 노골적으로 홍보하기도 했다. 이처럼 개인들이 운영하는 인터넷 방송에는 도를 넘은 신체 노출은 물론 폭력과 욕설, 엽기적 행동 등 선정적이고 폭력적인 내용이 넘쳐난다. 왜 이러한 선정적이고 폭력적인 방송들이 증가하는가? 바로 '별풍선'이라는 제도 때문이다."

앞에 기술된 세 문장은 선명한 예시를 통해 이야기가 구체적으로 그려진다. 이야기 진행이 조금씩 앞으로 나아가는 전개방식이다. 그러나 마지막 두 문장은 어떠한가? '별풍선'이 등장하면서 새로운 문제가 들어온다. 비록 흥미롭더라도 새로운 단어가 갑작스레 등장하고 문장 연결이 뚝 끊기게 되면 문장 간에 긴밀성이 떨어진다. 따라서 그 단어를 과감히 버리거나, 왜 그 단어의 언급이 꼭 필요한지를 설명하는 문장을 간단하게라도 넣는다. 아니면 새로운 단락으로 넘어가는 것도 좋다. 내용의 건너뜀 없이, 하나씩 세심하게 표현하는 진행과정이 본론 전개의 필수 요건이다.

마지막으로 느긋한 본론 쓰기는 리듬 있는 글쓰기다. 본론은 무미건조한 설명의 연속이 아니다. 같은 단어, 같은 내용 반복은 더더욱 아니다. 글에도 리듬이라는 것이 있다. '리듬이 있다'는 것은 말이 되풀이되지 않고 내용이 명료하여 이해하기 쉽다는 뜻이다. 같은 내용이나 똑같은 단어의 재등장은 읽는 데 지루함을 낳고 박자감을 떨어뜨린다. 풍부한 어휘 사용이 최선이며, 필요할 경우 유의어나 동의어를 활용하고 여의치 않을 시에는 번거롭더라도 단어를 풀어 설명해 주는 수고를 아끼지 말아야 한다.

또한, 리듬 있는 글쓰기가 되기 위해서는 문장을 짧게 쓰는 것도 중요하다. 한 문장 안에 많은 생각을 넣지 않는 것, 곧 연결사인 '~고', '~데', '~며', '~하는 동안', '~해서', '~할지라도', '~이기는 하지만', '~하거나', '~으로써' 등을 빈번하게 사용하지 않도록 한다. 특히 한 단락에 이음말이 난무한 문장은 글의 가독성을 저하시키고, 많은 내용이 과하게 들어가 이야기를 복잡하게 만든다. 내용이 복잡해지면 글은 결국 엉키고 만다. 단어를 정확히 사용하고 간단명료한 문장을 구사하자.

"항상 떠날 준비를 하라! 상대방에 대해 항상 자유로워라! 떠날 수도 있고 머물 수도 있는 사람만이 누군가의 곁에 머물 수가 있다."(강신주, 『감정수업』) 이처럼 전달할 것을 정직하게 전달하는 글은 짧아도 강력하다. 긴 줄로 이루어진 한 문장이 문장력을 보여주는 것이라고 생각하는 사람들이 적잖지만, 사실 긴 문장으로 명료한 내용을 전달하기가 더 어렵다. 한 문장에 내용 하나씩! 이를 바탕으로 중간 중간에 글의 리듬을 살려 보자. 두 개의 내용도 넣고, 간혹 세 개 이상의 내용을 넣어 글의 장단長短을 살려 보자. 글에 장단이 있으면 읽는 이도 즐겁다. 여러 줄의 긴 문장 쓰기와 유려한 문체 구사는 그 과정 속에 자연스럽게 신장될 수 있다.

서두름 없는 글쓰기에 도달하기까지는 오랜 시간이 걸린다. 각 절과 매 단락, 낱낱의 문장을 전개하는 일은 마치 하나의 물방울 위에 또 하나의 물방울을 올리는 일과도 유사하다. 조금씩 내용을 이어 가는 과정을 밟아야 하기에 많은 인내심도 필요하다. 포기하지 말고 꼼꼼한 글, 찬찬한 본론이 되도록 노력을 기울여 보자.

본론에 들어갈 내용

본론은 글의 핵심 부분이다. 자신의 의견을 논리적으로 전개하면서 서론에서 제기한 문제나 연구 목적 또는 결과 예측을 실제로 풀어가는 곳이다. 본론에는 물론 많은 내용을 담을 수 있다. 하지만 많은 자료 중에 꼭 담아야 할 내용을 선별하고 전달하고자 하는 내용을 명확하게, 일관성 있게 유기적으로 담아내는 것이 중요하다.

이때, 가장 먼저 생각해야 할 것은 논의할 대상을 분명히 밝혔는가이다. 대개 논증을 요하는 논설문이나 논문 또는 연구 보고서 등의 경우, 앞서 제기한 논의 대상과 범위가 무엇인지 구체적으로 밝혀 두는 것이 좋다. 혹여 독자가 수용하기에 어려운 개념이면 관련 개념들과 함께 중심 개념을 확실하게 정의하고 본문을 펼쳐가는 것이 좋다. 현상이나 구체적 연구 방법을 이해하기 쉽게 만들고, 실험의 경우 설명 과정도 명확해지는 장점이 있다. 논의 대상을 상세하게 기술하는 과정은 현안 문제에 대한 사건의 전후 사정과 앞뒤 맥락을 자세히 설명함으로써도 가능한데, 기행문이나 일기, 자기소개서, 역사보고서, 답사기, 사건 기사문 등의 서사 및 묘사를 활용하는 글의 경우

효과적이다. 문화와 사회·역사적 맥락에 대한 설명이 들어간 글은 본론의 몰입도를 더욱 높이기 때문이다.

매 단락에 근거를 제시하고 설명을 제시하는지도 유념할 일이다. 주장이 아무리 좋더라도 이를 지탱해 주는 문장이 없거나 있더라도 타당하지 않으며, 객관적이지 못한 문장은 글의 흐름을 깨뜨린다. 이유 제시 및 앞뒤 사정 설명이 없는 문장은 주장과의 연결고리 역할을 하지 못함으로써 글의 호소력을 떨어뜨린다. 그러므로 읽는 이가 쉽게 잘 알아볼 수 있도록 사려 있는 설명을 덧붙여 둔다. 또한, 필요하다면 다루는 내용의 특징을 고려해 치밀한 서술과 정확한 분석이 수행되어야만 하는 경우도 있다. 실험 내용이 주를 이루는 글이라면 구체적 실험과정과 결과를 분석하여 제시한다. 글의 종류가 특정 문제를 논하는 글이라면 사안과 이야기 줄기에 따라 여러 각도에서 근거를 고찰하고 주장을 타당하게 증명해 나간다. 근거 있는 주장, 논거 있는 전개가 내용에 충실한 본론을 만든다.

논지를 간명하게 전달할 때, 우리가 잊지 말아야 할 한 가지가 더 있다. 바로 각 절의 유기성이다. 본론을 이루는 매 절에는 글쓴이가 담고자 하는 기본 내용이 있다. 그리고 그 세부 이야기들은 하나의 절 속에서 궁극적으로 전달하고자 하는 의미를 띤다. 따라서 작은 부분들이 전체 중심 생각에 비추어 제 위치에서 제대로 맞물려 있는지, 주제적인 측면에서 제목을 포함한 서론-본론-결론의 구성 줄기가 매끄러운지, 특히 내용상 작은 부분들이 균형 있게 정합적으로 잘 짜여 있는지 점검해 봄이 바람직하다. 설문조사나 문헌 조사, 실험 결과 및 고찰 내용을 제시할 때에도 글의 목적에 맞는지, 밀접하게 관련된 내용들이 조화롭게 한 덩어리의 글을 이루는지 염두에 두며 쓰도록 하자. 하나의 살아 있는 유기체처럼 각 내용이 전체 안에 모순 없이 자리해야 글은 유기적이다. 서로 충돌되는 단락이나 상반된 다른 내용의 주장, 모호한 문장과 불필요한 구절 등이 없도록 글의 총체적 관계를 고려하는 것이 중요하다.

논의 대상을 분명히 하면서 구체적 맥락을 풀어 주는 본론은 글의 명확한 중심을 잡아 준다. 결론에 도달하는 길이 충분한 설명과 근거로 이루어진 본문은 일관성 있는 주장을 논리적으로 펼쳐 낸다. 내용의 전체적 짜임을 고려한 본론이 된다면 체계적인 글로 도약할 수 있다. 쓰는 사람도 읽는 사람도 생각을 따라가기 어렵지 않은 본론 작성에 심혈을 기울여 보자.

끝[결론]

글을 마칠 때 유의할 점

결론은 본문 내용을 형식적으로 요약하는 부분이 아니다. 단지 주요 문장만 골라 반복해서 보여주는 결론은 밋밋하고 따분하기까지 하다. 상투적 내용과 반복만으로는 앞에 길게 설명한 자신의 글이 무슨 특성을 띠는지, 어떤 고유한 의미가 있는지 독자에게 알릴 길이 없다. 근거의 충분성과 자료의 확실성이 본론에서 확보되고 논지가 명확하다면, 결론에서는 자신의 개성을 살리며 자기 뜻을 힘주어 말하는 것이 좋다.

이때 자기 관점에서 전체 의미를 스스로 도출해 보는 시도가 무엇보다 중요하다. 끈기를 갖고, 본론을 거쳐 진행한 오랜 이야기가 자기 나름의 위치에서 어떤 의의를 지니는지, 어떤 새로운 관점을 보여주는지 시간을 들여 써 보자. 자연과학 분야의 연구제안서나 실험보고서일지라도 기존 결과물과 다를 바 없는 결론인지, 같거나 다르다면 그 결과가 무엇을 의미하는지 결론에서 좀 더 생각해 보는 탐구 정신이 필요하다. 처음 예견했던 결론이 안 나왔더라도 시행한 실험 자료가 어떤 점에서 중요한지, 또는 남들과 비슷한 평범한 주장을 담은 글이지만 어떤 연구 방법의 측면에서 자신의 논증이 변별력 있는지 스스로 길을 내어 보는 것이다. 그래서 앞서 전개한 글의 궁극적 의미가 무엇인지를 통찰해 보고 이를 한 문장으로 녹여내 보는 도전을 해 보는 것도 좋다. 그러한 결론은 글 전체를 빛나게 할 것이다. 만약 본론 내용을 멋지게 종합할 수 있는 유명인의 한마디를 발견했다면 적절히 인용해 봄직도 하다. 독자의 재인식을 일깨울 수 있는 글이 되도록 마지막까지 노력을 아끼지 말자.

결론에 들어갈 내용

결론은 글의 마무리인 만큼 덩치 큰 새로운 내용, 전에 없었던 거대한 개념을 등장시키는 모험을 감행할 필요가 없다. 본론에서 주장하는 바를 강조하고 다시 한 번 재확인하는 데 주안점을 두기로 한다. 앞에 논증하지 않은 사실이나 관련성 적은 내용을 언급하는 것은 글의 논지를 흐리게 만들기 쉽다. 따라서 다음의 기본 요건들이 충족되었는지 살펴보자.

설명 위주의 글은 본문 내용을 압축하여 요약하며 장황하지 않게 주제를 강조한다. 연구보고서는 서론에서 밝힌 내용을 확인하고 연구 결과를 정리한다. 비판·논쟁형 논설문과 마찬가지로 문제점과 원인 분석이 앞에 기술되었다면, 연구보고서의 결론에도 구체적이고 실현 가능한 해결 방안을 함께 제시하는 것이 설득력 있다. 단, 문제점-원인-해결 방안은 서로 연결되는 내용이어야 한다. 실험 및 조사보고서의 경우, 실험하고 조사한 결과를 한눈에 파악할 수 있도록 수치와 도표, 막대·선·원 그래프 등을 활용하여 효과적으로 제시해 둔다. 또한, 실험보고서의 최종 주장이 예상 결과와 기대성과에 맞는지 판단하여 과장 없이 사실대로 기술하는 것도 중요하다. 조사보고서는 수집한 자료를 바탕으로 앞으로의 동향과 전망 등을 객관적으로 예측한다.

그러나 결론에서 가장 근본적인 것은 단순 요약정리에 있지 않음을 상기하자. 위 사항들을 언급하는 정도에 그치지 않고 자신의 고유한 관점이 드러나면서 독자에게 의미가 될 수 있는 결론을 제시하면, 깊은 인상을 남길 수 있다. 결론에 들어가는 여러 사항과 내용들이 종국에 무엇을 뜻하는지 다시 한 번 숙고해 보자. 공감 가는 독창적인 결론이 글 전체를 더욱 돋보이게 할 것이다.

4 글쓰기의 기법

독자들을 설득하기 위해, 혹은 독자들에게 어떤 내용을 잘 전달하기 위해 여러 글쓰기 기법들이 요긴하게 쓰인다. 쓰고자 하는 글의 목적과 성격에 따라, 어떤 기법이 더 빈번히 사용되고 다른 기법은 잘 사용되지 않거나 아예 사용되지 않는 경우도 있지만, 대체로 많이 사용되는 기법들을 알아 두고 필요할 때에 자유롭게 써 보도록 하자.

논증

논증은 근거들을 갖춘 주장 체계이다. 가령, "오늘은 영희가 학교에 올 것이다. 왜냐하면 영희는 오늘 나와 학교에서 약속이 있고 그것을 지킬 것이기 때문이다"는 하나의 논증이다. 앞 문장을 통해 영희가 학교에 올 것이라는 주장을 하고 뒤 문장을 통해 그 주장의 근거를 제시하고 있기 때문이다. 이때 '주장'은 누구나 받아들이는 확립된 지식이 아니다. '주장'은 그것을 받아들일지 말지에 대해 사람들의 의견이 갈릴 때에, 사람들을 설득하기 위해 근거를 갖추어 제시되는 내용을 일컫는다.

논증은 크게 연역 논증과 귀납 논증으로 나뉜다. 연역 논증은 전제들의 내용이 실제로 참인지 거짓인지 여부와 상관없이 전제근거가 참일 경우 결론주장이 반드시 참일 수밖에 없는 구조를 가진 논증을 말한다. 예를 들면, "모든 사람은 죽는다. 소크라테스는 사람이다. 따라서 소크라테스는 죽는다"는 연역 논증이다. 귀납 논증은 전제들이 상당히 높은 개연성을 갖고 결론을 지지해 주는 형태의 논증을 말한다. 전제들이 참이라고 해서 결론이 100% 참인 것은 아니지만, 전제들이 참이라고 할 경우 결론이 참일 가능성이 매우 높아지는 그런 논증이 귀납 논증이다. 예를 들면, "지금까지 발견된 백조는 모두 하얬다. 따라서 오늘 내가 동물원에서 보게 될 백조 역시 하얄 것이다"는 귀납 논증이다.

이렇게 논증들이 가장 많이 사용되는 유형의 글은 바로 학술 논문이다. 논문 자체가 하나의 주장을 향해 여러 학술적 근거들이 제시되는 글이라 할 수 있다. 학술 논문 외에 신문 사설, 혹은 개인적 주장을 담은 에세이에도 이런 논증 기법이 활용된다.

설명

설명은 넓은 의미로 볼 때, 이미 입증되었고 정립된 어떤 사물, 원리, 현상 등에 관한 전반적인 정보들을, 그것을 모르는 이들이 이해할 수 있도록 제시하는 모든 형태의 기법을 말한다. 그리고 좁은 의미로 볼 때, 설명은 어떤 사물, 원리, 현상 등의 원인을 밝히는 것, 그리고 그 인과관계를 제시하는 것을 말한다. 주로 과학에서 '설명'은 이런 좁은 의미로 쓰인다. 여기서는 인과관계를 밝히는 의미, 즉 좁은 의미의 설명 기법을 소개하겠다.

원인을 나타내는 내용에는 흔히 "~하기 때문이다"를 붙인다. 따라서 "~하기 때문이다"가 포함된 문장이 있으면, 그 글은 인과관계를 설명한다고 봐야 한다. 하지만 유의해야 할 것이 있다. "~때문이다"는 어떤 주장을 지지할 이유나 근거를 제시할 때 붙는 말이기도 하다. 그래서 우리는 "~때문이다"가 포함된 문장이 있으면 그것이 논증인지 인과설명인지 구분할 수 있어야 한다. 예를 들어, "우리 일행은 저녁도 안 되어 모두 배가 부른 상태였다. 이미 모두가 각자 삼인분의 식사를 했기 때문이다"는 설명이다. 앞 문장은 결과이고, 뒤 문장은 원인을 나타낸다. 이는 우리 일행이 이미 배가 불러 있는 현상에 대해 그 이유를 알려 주고 있다. 이 사건의 원인과 결과는 이미 정립된 사실이며 이러한 사실을 있는 그대로 나타내어 제시해 주는 것이 설명이다.

반면, 누군가 "그들은 모두 배가 부른 상태일 것이다. 왜냐하면 점심때에 모두가 각자 삼인분의 식사를 했기 때문이다"라는 글을 쓸 경우 이는 논증에 해당한다. 그들이 배가 부른 상태일지 아닐지에 대해 사람들은 확신할 수 없는 상태에서, 배가 부른 상태일 것이라는 주장을 근거를 대어 제시하기 때문이다. 물론, 이 주장을 하기 위해 어떤 인체 생리학적인 인과관계 원리에 대한 언급이 필요하다. 하지만 어디까지나 논증은 이 인과관계를 근거로 활용하고 있는 것이다. 한편, 설명은 이 인과관계를 있는 그대로 제시하는 것을 의미한다.

분류

분류는 일관성 없이 낱낱이 제시된 것들을 일정한 기준 하에 나누어 모으는 것을 의미한다. 어떤 기준을 갖고 분류하느냐에 따라 그 대상들이 달리 모일 수 있고 독자에게 달리 인상을 줄 수 있다. 가령, 비행기, 새, 여객선, 나무를 어떤 기준 하에 분류한다고 해 보자. 비행기와 새를 한 범주 하에 묶고, 여객선과 나무를 한 범주 하에 묶어서 양자를 분류할 수도 있다. 이럴 경우 전자는 하늘을 날아가는 것, 후자는 물에 떠서 가는 것이라고 기준을 잡은 것으로 보인다. 하지만 비행기와 여객선을 하나로, 새와 나무를 하나로 묶어 양자를 분류할 수도 있다. 이럴 경우 전자는 사람이 만든 인공물, 후자는 자연물이라는 기준을 통해 분류된다. 이렇듯 어떤 기준을 갖고 분류를 하는가에 따라 여러 정보들이 특정한 인상을 주며 전달될 수 있다. 보다 좋은 글을 쓰기 위해서는, 분류 기법을 쓸 때 그 분류의 기준을 독자에게 제시하고 때로는 그 기준을 쓰는 이유를 설득할 필요가 있다.

그리고 분류를 할 때에 중요한 것은 분류하는 범주들의 위상이 서로 동등해야 하고, 범주들 간에는 어떤 관계가 있어야 한다는 것이다. 가령 과일의 범주와 채소의 범주는 동등하다. 하지만, 과일의 범주와 식물의 범주는 동등하지 않다. 따라서 과일의 범주와 식물의 범주를 사용한 분류는 좋지 않다. 그리고 가령 어떤 이가 어떤 항목들을 '과일'이라는 범주 하에 놓고, 다른 항목들을 '불법행위'라는 범주 하에 놓고, 또 다른 항목을 '한국적인 것'이라는 범주 하에 놓았다고 해 보자. '과일'과 '불법행위'와 '한국적인 것'이라는 범주들은 서로 무관하다. 따라서 이는 좋은 분류가 아니다.

비교와 대조

비교와 대조 기법은 넓은 의미의 설명의 한 방식으로서 많이 활용된다. A와 B 양자를 비교한다는 것은, A와 B가 가진 성질 중에 같은 점과 다른 점을 모두 열거하여 보여주는 것을 의미한다. 이때 체계적인 비교를 위해 범주를 나누어 분류 기법을 활용하면 더욱 좋다. 가령, A와 B가 가진 '가'의 측면의 성질들과 '나'의 측면의 성질들, '다'의 측면의 성질들을 분류하여, 그 측면에 있어 A와 B의 같은 점과 다른 점을 제시하는 것이다.

대조는 비교 기법과 크게 다르지 않으나, 차이점을 더 부각시켜서 양자의 특징을 명확하게 드러내는 기법을 말한다. 가령, "A는 ~한 반면, B는 ~하다"라고 제시하면 A와 B를 각각 설명했을 때보다 각각의 특징이 더 분명하게 드러나며 독자의 이해를 돕는다. 분류 기법과 마찬가지로, 비교와 대조도 기준을 정해서 해야 하며, 이러한 기준을 정한 이유도 독자에게 알리는 것이 좋다. 가령, 관계 단절의 효과를 실험하는 어떤 심리실험에 참여하는 여러 집단에서 보이는 현상을 비교해 본다고 해 보자. 그 여러 집단이 보이는 현상에 대해 신체적 변화의 측면(심박수, 혈압 등), 정서적 변화의 측면(우울감, 절망감 등), 가치관 변화의 측면, 경제적 능력 변화의 측면과 같은 비교 기준을 제시했다고 해 보자. 이때 독자는 관계 단절의 효과에 관해서 왜 경제적 능력 변화의 기준이 도입되어야 하는지 의아해 할 수도 있다. 글쓴이가 일방적으로 비교 기준을 제시하는 것보다는 그런 비교 기준을 사용하는 이유와 목적에 대해 제시해 주는 것이 더 바람직하다고 할 수 있다.

비교와 대조 방식에는 두 가지 형태가 있다. 하나는 블록 패턴이고, 다른 하나는 교체 패턴이다. 세계의 여러 대도시를 비교한다고 해 보자. 블록 패턴은 서울의 면적, 인구, 산업, 주거환경, 범죄율, 경제자립도를 소개하고, 뉴욕의 면적, 인구, 산업, 주거환경, 범죄율, 경제자립도를 소개하고, 도쿄의 면적 등등을 소개하는 방식이다. 한편, 교체 패턴은 면적이란 항목 하에 서울 · 뉴욕 · 도쿄 등의 면적을 소개하고, 인구 항목 하에 서울 · 뉴욕 · 도쿄 등의 인구를 소개하고, 산업 항목 하에 서울 · 뉴욕 · 도쿄 등의 산업을 소개하는 방식이다.

비교 대상(가령, 서울 · 뉴욕 · 도쿄)의 각각 하위 항목(면적, 인구, 산업 등)에 포함된 내용이 적을 경우 블록 패턴이 간결하게 제시되어 독자들이 한눈에 정보를 파악하기 좋고, 그 내용이 많을 경우에는 교체 패턴이 좀 더 체계적으로 정보를 정리해서 보여주기 때문에 더 좋다. 혹은 비교 내용의 적고 많음에 상관없이, 독자들이 어떤 것에 더 많은 관심이 있는가를 고려하여 블록 패턴을 활용할지, 교체 패턴을 활용할지 정하는 것도 좋다. 가령, 도시 전체에 관심이 많은 이에게는 위의 예에서 블록 패턴이 좋고, 도시 자체보다는 특정 항목, 가령, 산업에 관심이 많은 이에게는 위의 예에서 교체 패턴이 좋을 것이다. 글 쓰는 이는 독자의 관심사를 반영하여 두 방식 중에 효과적인 것을 선택해야 한다.

정의

정의란 어떤 개념이나 용어의 기본적인 뜻을 정하는 것을 의미한다. 글의 주요 개념, 용어 등을 정의하지 않으면, 글을 쓰는 자신도 글을 읽는 독자도 혼란스러울 경우가 많다. 정의를 내리는 기본적인 방식은 정의되는 대상피정의항을 유개념과 종차의 결합정의항으로 규정하는 것이다. 가령, '침대는 취침하기에 알맞게 만든 가구'라고 해 보자. 여기서 피정의항은 '침대'이고 정의항은 '취침하기에 알맞게 만든 가구'이다. 정의항에 나타난 유개념은 '가구'이고 종차는 '취침하기에 알맞게 만든 것'이다. 침대는 가구 중에서도 취침하기에 알맞게 만들어져 있는 특징을 지닌 가구라는 것이다. 정의는 이 방식을 기본으로 하되 다양한 형태로 제시될 수 있으니 그것들을 알아보고 적합한 경우에 잘 쓰도록 하자.

정의는 쓰임의 목적에 따라 구분될 수 있다. 일상적 의사소통을 위해서는 사전적 정의를, 모호한 개념을 실증적인 결과를 토대로 규정하고자 할 때 조작적 정의를, 학문 공동체에서 특정한 개념이나 대상을 학문적인 이론적 배경을 담아 지칭하고자 할 때 이론적 정의를 활용한다. 새로운 사물이나 현상을 가리키기 위해 동시대인들이 임시적으로 약속해서 쓰고자 할 때는 약정적 정의를, 구체적인 기준이 필요할 때에는 명료화 정의를 활용한다. 정의는 기본적으로 객관적, 중립적이어야 한다. 하지만 의도적으로 정의의 방식을 도입해서 자신의 주관적 태도를 표현할 목적으로 활용되는 설득적 정의도 있다.

사전적 정의lexical definition

공식적으로 그리고 가장 일반적으로 수용되는 의미를 사용한다. 사전적 정의를 잘 내리기 위한 몇 가지 조건들이 있다. 첫째, 정의항이 피정의항을 포함하게 되면 순환이 발생하기에 피하는 것이 좋다. 둘째, 정의항은 피정의항보다 너무 넓거나 좁은 의미를 나타내어서는 안 된다. 셋째, 부정적으로 표현되기보다 긍정적으로 표현되는 것이 좋다. 가령, "'전쟁'이란 평화롭지 않은 상태"라고 하기보다는 "'전쟁'은 국가나 사회 단위들이 서로 무력을 동원하여 싸우는 상태"라고 하는 것이 좋다. 넷째, 비유적이거나 애매하거나 주관적 평가가 담긴 표현은 좋지 않다.

조작적 정의operational definition

과학 분야에서 활용하는 정의 방식으로서, 어떤 조작이나 실험을 거치고 난 후 산출되는 결과를 개념처럼 사용하는 방식이다. 가령, "'자신감'이란 지적, 신체적, 능력적 측면에서 평균의 성인이 자신이 수행할 수 있는 문제 수준의 120% 이상의 난이도를 가진 문제를 보고 그것에 대한 도전의사를 비치고 해결을 장담하는 심리상태"라고 정의하는 것이다.

이론적 정의theoretical definition

어떤 과학적 이론을 배경으로 하여 관찰되는 사물이나 현상에 대해 그 이론의 개념들을 써서 내리는 정의 방식이다. 가령, "원자"란, "물질의 기본 구성단위이며 원자핵과 전자로 이루어진 입자"를 말한다. 이 정의에는 원자를 세상의 기본 입자로 인정하고 그 원리를 다루는 물리학 이론이 배경으로 나타난다.

약정적 정의stipulative definition

정의되지 않은 새로운 물건이나 현상이 어떤 사회 안에 도입될 때에, 그 사회 구성원들이 그것을 지칭하기 위해 약속하는 정의가 약정적 정의이다. 어떤 단어는 일반적으로 오래 사용되어 오고 그 만큼의 많은 시간 속의 사람들의 활용되고 있어 단시간에 어떤 사회구성원들에 의해 그 의미를 새로 정하거나 바꾸기 어렵다. 하지만 새로운 물건, 현상들은 이런 개념의 역사에 묶일 필요가 없이 그 시간대의 사회 구성원들에게 알려져야 하므로, 약정적 정의를 가질 수 있다.

명료화 정의precising definition

명료화한다는 것은 경계선이 드러나 있지 않고 모호한 것을 구체화한다는 것이다. 명료화 정의란, 어떤 구분선과 경계선을 만들어 대상을 구체화하여 뜻을 전달하는 정의이다. 가령, "산"은 "지표로부터 100m 이상으로 솟아 있는 땅"을 말한다. "높이 솟아 있는 땅"이라고 하면 "구릉"과 구분이 가지 않을 것이므로, 구체적인 척도를 제시하여 그 범위를 알려 대상을 정해 놓는 것이 명료화 정의이다.

설득적 정의persuasive definition

설득을 목적으로 어떤 개념의 뜻을 제시하는 정의 방식이다. 가령, "햇볕정책"을 "북한이 군사준비를 하도록 남한이 물자를 펴주는 정책” 혹은 “동족을 위한 사랑을 실천하는 정책”이라고 정의하는 것이다. 글쓴이의 주관적인 관점이 실려 있는 정의이며, 독자는 이 점을 알아채는 것이 좋다.

예시

예시란, 구체적인 상황, 사건 등을 들어 글쓴이가 말하고자 하는 요점에 대한 이해를 돕는 글쓰기 기법이다. 이것이 실제 사건이든, 예를 들기 위해 구성된 사건이든 상관없다. 예시가 적절히 사용된 글은 독자에게 글쓴이의 의도를 친근하고 생기 있게 전달한다. 가령, 감정 노동자의 애로사항을 글로 쓰면서 다산 콜센터에서 민원을 처리하는 직원이 겪은 에피소드를 제시하면 독자들은 감정 노동의 현실에 대해 좀 더 생생하게 느낄 수 있다.

묘사

묘사는 어떤 대상이나 현상을 있는 그대로 상세하게 기술하여 표현하는 글쓰기 기법이다. 이 기법은 특정 대상에 대한 객관적인 정보를 알려 주는 것에 목표를 두는 경우 앞에서 제시한 ‘설명’의 효과와 유사해진다. 이와 달리 정지된 시간 속에 놓여 있는 특정 대상에 대한 관찰자의 주관적인 느낌을 감각적으로 전달하는 것에 목표를 두는 경우가 일반적 의미의 묘사에 해당한다. 이때 독자는 글쓴이가 표현한, 대상에 대한 지배적인 인상을 공유하게 된다. 다시 말해 글쓴이가 대상을 사실적으로 세밀하게 재현하여 독자로 하여금 자신과 유사한 이미지나 분위기를 연상할 수 있도록 만들어야 한다. 이를 위해서는 글쓴이가 대상에 대한 관찰력과 지배적 인상을 효과적으로 드러낼 수 있는 매개물을 선택할 수 있는 능력을 갖추어야 한다.

서사

묘사가 시간의 흐름과 상관없이 정지된 순간의 어떤 대상을 그려내는 것이라면, 서사는 시간의 흐름이라는 중요한 축을 가지고 행위를 제시하는 글쓰기 기법이다. 주의해야 할 것은 바위와 같은 무생물도 시간의 흐름에 따른 변화를 겪지만 거기에는 서사가 없다는 것이다. 서사는 의도를 갖고 행위할 수 있는 행위주체가 있어야 하고 그 행위주체가 어떤 장애물을 만나 갈등하며 전진하는 구조로 이루어져야 한다. 여기에는 시작과 중간 그리고 끝으로 나누어지는 사건들의 인과적인 결합이 전제되어 있다. 일정 시간 동안에 있었던 사실들에 대한 기술은 설명에 해당한다. '왕이 죽었다. 왕비가 죽었다'는 별개의 사실일 뿐이다. 이 두 사실이 하나의 서사가 되기 위해서는 두 사실 사이의 인과관계가 성립되어야만 한다. 예컨대 왕의 죽음이 왕비에게 큰 충격을 일으켜 왕비도 죽게 되었다면, 왕의 죽음은 단순한 사실이 아니라 다음 상황을 촉발시키는 사건이 된다. 이때 두 사실은 사건으로 그 위상이 변하게 된다. 사건은 인물의 상황에 의미 있는 변화가 일어나는 것, 하나의 행위에 의해 그 전과 후의 상태가 변화되는 것을 의미한다. 사건이 시간순서대로 제시될 경우 이야기라 하고 심리적 인과관계에 의해 그 순서가 변형되어 제시되는 경우를 서사라 한다.

과정 제시

서사가 시간의 흐름 속에서 이야기를 하는 기법인 반면, 과정 제시는 시간이라는 계기를 담고 있지만 이야기를 담고 있지 않고 어떤 목적을 이루기 위한 단계들을 제시하는 기법이다. 요리법이나 제품 조립 설명 등에 있어 활용되기도 하고, 어떤 상태에 이르는 이론적 단계들을 제시하고 분석할 때 활용되기도 한다. 그 전 단계, 후 단계에 비약 없이 연결되도록 각 단계들을 제시해야 좋은 과정 제시라 할 수 있다.

5 표현과 문장

글쓰기를 할 때 정확한 표현과 바른 문장을 쓰는 것은 중요하다. 왜냐하면 필자의 생각을 독자에게 완전하게 전달하기 위해서는 정확한 표현을 쓰고 바른 문장을 사용하는 것이 필요하기 때문이다. 물론 글을 실제로 쓸 때는 어휘나 문장에 대한 문제가 생각했던 만큼 큰 영향을 미치는 것만은 아니다. 우리는 글의 중심 생각, 즉 주제가 무엇이고, 그 주제를 설득력 있게 제시하는가 등과 같은 글에 담긴 내용이, 글의 형식적 측면인 어휘나 문장보다 더 중요하다고 생각하기에 그러하다. 그렇지만 부적절한 어휘나 부정확한 문장을 쓴 글은 독자에게 신뢰를 얻기란 쉽지 않다. 또한 글을 잘 쓰는 필자치고 어휘나 문장의 사용을 하찮게 취급하는 필자도 없다. 따라서 좋은 글을 쓰기 위해서는 정확한 어휘와 바른 문장에 대한 적절한 규칙을 학습할 필요가 있다.

정확한 어휘의 사용

글쓰기는 정확한 어휘를 사용하는 것으로부터 시작된다. 정확한 어휘를 사용하기 위해서는 필요한 어휘만 쓰고 불필요한 어휘는 줄이고, 문맥에 적합한 어휘를 골라 쓰며, 영어나 한자의 의미도 제대로 파악해야 한다.

① 현 정부는 '남북 경제 통일'의 비전을 제시했다.
→ 현 정부는 '남북 경제 통일'의 전망을 제시했다.

예를 들어, 우리는 일상생활에서 '비전'이란 단어를 많이 사용한다. 그런데 '비전을 제시하다'라는 표현은 정확한 것일까? 우리가 '전망'이나 '이상'의 뜻으로 흔히 쓰는 '비전'과 영어 'vision'의 의미는 상당히 다르다. 영어 'vision'의 사전적 의미는 '시력'뿐만 아니라 '환상, 상상, 환영, 환각' 등이다. 즉, 우리가 말하는 '비전'은 '시력'이나 '환영'과 같은 뜻으로 쓴 것이 아니라 '전망'이나 '이상'의 의미로 사용한 것이기 때문에 '비전을 제시하다'라는 표현은 잘못된 것이다.

② 김○○ 국가안보실장은 판문점 회담으로 유명세를 탔다.
→ 김○○ 국가안보실장은 판문점 회담으로 유명세를 치렀다.

또한 우리는 여러 매체를 통해서 "김○○은 유명세를 탔다"라는 말을 자주 듣는다. 그런데 '김○○은 유명세를 탔다'라는 말은 정확한 표현일까? '유명세有名稅'는 '세상에 이름이 널리 알려져 있는 탓으로 당하는 불편이나 곤욕을 속되게 이르는 말'로, '유명해서 당하는 불편이나 곤욕'을 '세금'에 비유해서 쓴 것이다. 이런 뜻이기에, '유명세를 타다'나 '유명세를 떨치다'

가 아니라 '유명세를 치르다'나 '유명세가 따르다'가 바른 표현이다.

주어와 서술어의 호응

문장은 주어와 서술어, 목적어 등의 문장 성분들로 만들어진다. 이런 문장의 성분들은 마음대로 생략해서는 안 되며, 적절한 호응 관계를 이뤄야 한다. 특히 문장의 기본 구조는 '주어-서술어' 관계이다. 주술 관계는 'A(주어)는 무엇이다(서술어)'나 'A(주어)는 어찌하다(서술어)', 'A(주어)는 어떠하다(서술어)'로 이루어진다. 이런 주어와 서술어는 서로 일치해야 의미가 제대로 전달된다. 또한 우리는 문장을 쓸 때, 주어와 서술어의 호응하는지뿐만 아니라 목적어와 서술어가 호응하는지, 부사어와 서술어가 호응하는지 등을 하나하나 점검해야 한다.

① 현 정부의 발표에 대한 여론은 입장에 따라 각자 다른 생각을 가지고 있다.
→ 현 정부의 발표에 대한 여론은 입장에 따라 각기 달리 이해되고 있다.
② 한번 오염된 환경이 다시 깨끗해지려면, 많은 비용과 노력, 그리고 긴 시간이 든다.
→ 한번 오염된 환경이 다시 깨끗해지려면, 많은 비용과 노력이 들고, 긴 시간이 걸린다.

문장의 기본 구조를 제대로 갖추기 위해서는 무엇보다도 주술 호응이 중요하다. ①의 문장에서 '여론은~'과 '~가지고 있다'는 주어와 서술어가 호응되지 않는다. 이 문장의 주어인 '여론'은 생각을 가질 수 없기 때문에, 상태를 나타내는 서술어를 사용해야 한다. 따라서 ①의 문장은 '현 정부의 발표에 대한 여론은 입장에 따라 각기 달리 이해되고 있다'로 고쳐야 한다. ②에서 '시간이 든다'는 표현은 자연스럽지 못하다. '많은 비용과 노력'은 '드는' 것이지만 '시간'은 '걸린다'와 호응한다. 따라서 ②의 문장은 '한번 오염된 환경이 다시 깨끗해지려면, 많은 비용과 노력이 들고, 긴 시간이 걸린다'로 수정해야 한다.

'수식어 + 피수식어'의 위치

국어에서 수식하는 말수식어은 수식하고자 하는 말피수식어 앞에 놓인다. 수식어는 바로 뒤에 위치한 피수식어를 꾸밀 때 의미가 명확해진다. 즉, 한 문장에서 수식어의 위치와 그 한계는 명확해야 한다. 그렇지 않을 경우에는 혼란을 일으킨다. 수식어가 어떤 말을 꾸며 주는지 모르거나 두 가지 이상을 꾸며 주는 것으로 볼 수 있을 때, 문장은 모호해진다. 이를 막기 위해서는 수식어는 피수식어의 바로 앞에 두는 것이 좋다.

① 우리는 더 자유롭기 위해 열심히 책을 읽는다.
→ 우리는 자유롭기 위해 더 열심히 책을 읽는다.
② 하지만 실제 평점을 올리기란 쉬운 게 아니다.
→ 하지만 평점을 올리기란 실제 쉬운 게 아니다.

수식 관계는 명확해야 한다. ① 문장의 수식어 '더'는 피수식어 '열심히' 앞에 놓일 때 문장의 의미가 확실해진다. ② 문장의 수식어 '실제'도 피수식어 '쉬운 게 아니다' 앞에 놓으면 '쉬운 게 아니다'만 꾸미게 되어 문장의 의미가 명확해진다.

조사의 사용

조사는 체언이나 부사, 어미 등에 붙어 그 말과 다른 말과의 문법적 관계를 표시한다. 조사에는 주격 조사, 목적격 조사, 관형격 조사, 부사격 조사, 서술격 조사 등이 있다. 글을 쓰다 보면 이런 조사를 잘못 쓰는 경우가 적지 않다. 특히 관형격 조사 '-의'를 잘못 사용하는 경우가 흔한데, 이를 적절하게 사용하지 않으면 독자들은 문장의 의미를 쉽게 파악할 수 없다. 문장을 쓸 때 조사 하나하나에도 주의를 기울이는 습관이 필요하다.

① 이 강산을 잘 아끼고 보살펴 후손에 물려주어야 한다.
→ 이 강산을 잘 아끼고 보살펴 후손에게 물려주어야 한다.
② 수입 원자재 가격의 하락으로 제조업이 되살아나고 있다.
→ 수입 원자재 가격이 하락하여 제조업이 되살아나고 있다.

우리는 조사를 쓸 때 '-에'와 '-에게'를 잘못 쓰는 경우가 가끔 있다. ①은 '-에게'를 써야 할 것을 '-에'로 잘못 쓴 예이다. 어떤 행동이 미치는 대상을 나타날 때 그 대상이 사람이나 동물 같은 유정물이면 '-에게'를 쓰고, 나무나 건물 같은 무정물이면 '-에'를 써야 한다. 조사는 문장에서 역할을 결정하는 중요한 요소이다. '-이/-가'를 쓰이느냐, '-을/-를'이 쓰이느냐에 따라 문장의 의미가 달라진다. ②는 조사 '-의'를 잘못 쓴 예이다. '원자재 가격의 하락'은 형식상으로 명사꼴을 하고 있지만, 의미상으로는 '원자재 가격이 하락하다'라는 의미이다. ② 문장은 주격 조사 '-이'가 관형격 조사 '-의'로 쓰인 경우이다. 이렇게 잘못된 조사의 사용은 독자가 의미를 제대로 파악할 수 없게 만든다.

어미의 사용

어미는 동사나 형용사에 붙어 단어의 문법적 기능을 나타낸다. 즉, 전성 어미 '-ㄴ, -ㄹ'은 형용사나 동사를 수식어로 만들어 주며, '-고, -니까' 등의 연결 어미는 동사나 형용사가 문장을 연결할 수 있게 해 주고, '-다, -아라' 등의 종결 어미는 문장을 끝맺게 해 준다. 잘못된 어미를 쓸 때 글 전체의 의미를 왜곡하는 경우도 종종 있다. 문장을 쓸 때에는 정확한 어미를 사용해야 한다.

① 밤도 늦었고 이제 그만 일어나야겠다.
→ 밤도 늦었으니까 이제 그만 일어나야겠다.
② 오늘도 해가 떠서 내일도 해가 뜰 거야.
→ 오늘도 해가 떴으니까 내일도 해가 뜰 거야.

① 문장은 '밤이 늦었다'와 '이제 그만 일어나야겠다'를 '-고'로 단순하게 연결해 놓았다. '주어-서술어' 사이에 논리적 관계는 전혀 드러나지 않는다. '밤이 늦었다'는 '이제 그만 일어나야겠다'의 이유를 나타내므로 '-고'를 '-니까'로 수정돼야 한다. ② 문장은 '오늘 해가 뜬다'가 '내일 해가 뜬다'의 필연적인 원인이 아니라 '내일 해가 뜬다'라고 판단한 근거가 되므로 '-어서' 대신 '-니까'를 써야 한다.

문장의 접속

우리가 쓰는 대부분의 문장은 여러 개의 홑문장이 모여 이루어진 겹문장이다. 문장과 문장이 대등하게 연결되는 방식을 문장의 접속이라고 한다. 접속문을 만들 때는 연결 어미 사용에 주의해야 한다. 연결 어미를 잘못 사용하면 새로 만들어진 접속문은 문법에 어긋난 문장이 된다. 또한 접속문을 만들 때는 두 개의 단문이 유사한 성격의 문장이어야 한다.

> ① 시민 단체들은 법적 대응 방침과 재발 방지 대책을 요구했다.
> → 시민 단체들은 법적 대응 방침을 밝히고 재발 방지 대책을 요구했다.
> ② 숲은 푸름 그 자체만으로도 정신적 위안과 마음을 안정시켜 주는 효과가 있다.
> → 숲은 푸름 그 자체만으로도 정신적 위안과 마음의 안정을 주는 효과가 있다.

① 문장은 '법적 대응 방침'이 '요구하다'와 호응하지 않으므로 다른 서술어가 필요하다. 이 문장은 '시민 단체들은 법적 대응 방침을 밝히고 재발 방지 대책을 요구했다'로 고쳐야 한다. ② 문장은 '정신적 위안'이라는 명사구와 '마음을 안정시켜 주다'라는 절이 병치되어 자연스럽지 않다. 뒷부분을 구로 바꾸어 '숲은 푸름 그 자체만으로도 정신적 위안과 마음의 안정을 주는 효과가 있다'로 수정하는 것이 좋다.

피동 표현의 남용

피동被動은 '주체가 다른 힘에 의하여 움직이는 동사의 성질'을 말한다. 피동 표현은 주어가 다른 주체에 의해서 어떤 동작을 당함을 표현하는 것이다. 여기서 파생적 피동 표현은 능동사의 어간에 피동 접미사 '-이-, -히-, -리-, -기-', '-되다'의 결합으로 실현되고, 통사적 피동 표현은 능동사의 어간에 '-게 되다, -어지다'의 결합으로 실현된다. 능동 표현은 생각이나 증명, 주장 등과 같은 필자나 주체의 판단이나 행위가 중심이 된다면, 피동 표현은 객관적인 상황 보고나 진술 등이 중심이 된다. 국어에서 피동 표현은 주어가 무생물과 같이 능동적 주체가 아닐 때 사용된다. 특히 피동사에 '-어지다'를 붙인 이중 피동은 피해야 한다. 이중 피동은 아무 의미 없이 피동을 반복한 것으로 국어 문법에 어긋난다. 피동 표현을 쓸 때는 세심한 주의가 필요하다.

① 김○○ 교수가 쓴 연구서는 많은 대학생들에게 읽혀졌다.
→ 김○○ 교수가 쓴 연구서는 많은 대학생들에게 읽혔다.
② '미네르바'라고 불리어지는 논객이 '허위 사실 유포죄'로 구속되었다.
→ '미네르바'라고 불리는 논객이 '허위 사실 유포죄'로 구속되었다.

① 문장에서 '읽혀지다'는 '읽다'의 피동형인 '읽히다'에 다시 '-어지다'라는 피동 표현을 반복한 것이다. 이 문장은 '읽히다'만 가지고도 충분히 피동의 의미를 나타낼 수 있기 때문에, '김○○ 교수가 쓴 연구서는 많은 대학생들에게 읽혔다'라고 써야 한다. 또한 ② 문장의 '불리어지는'은 '불리는'으로 고쳐야 한다. 이런 이중 피동은 피해야 한다. 왜냐하면 이중 피동은 중복된 표현이며, 국어 문법에도 어긋나기 때문이다.

모호한 문장의 사용

한 문장은 하나의 의미를 담아야 한다. 여러 가지로 복잡한 내용을 글로 쓰다 보면 문장의 구조를 분석할 수 없을 정도로 모호해지는 경우가 많다. 이렇게도 해석되고 저렇게도 해석되는 문장은 글을 읽는 독자에게 혼란을 일으킨다. 또한 글을 읽는 독자가 그 글의 내용을 오해할 수도 있다. 우리는 글을 다 쓴 다음에 문장 하나하나를 살펴 모호한 의미를 담은 문장을 찾아 바르게 고쳐야 한다.

> ① 나는 어제 한근문을 무척 좋아하는 동생의 친구를 만났다.
> → 나는 어제 한근문을 무척 좋아하는 동생의, 친구를 만났다.(동생이 한근문을 좋아하다)
> 또는 나는 어제 동생의, 한근문을 무척 좋아하는 친구를 만났다.(동생의 친구가 한근문을 좋아하다)
> ② 남편은 나보다 서근철을 더 좋아한다.
> → 남편은 내가 서근철을 좋아하는 것보다 더 서근철을 좋아한다.
> 또는 남편은 나를 좋아하는 것보다 서근철을 더 좋아한다.

① 문장은 동생이 한근문을 좋아하는 것인지, 동생의 친구가 한근문을 좋아하는 것인지가 분명하지 않다. '동생이 한근문을 좋아하다'일 경우는 '나는 어제 한근문을 무척 좋아하는 동생의, 친구를 만났다'로 써야 하고, '동생의 친구가 한근문을 좋아하다'의 경우는 '나는 어제 동생의, 한근문을 무척 좋아하는 친구를 만났다'로 문장을 고쳐야 한다. ② 문장도 남편이 내가 서근철을 좋아하는 것보다 더 서근철을 좋아하는 것인지, 남편이 나를 좋아하는 것보다 서근철을 더 좋아하는 것인지 비교 대상이 모호하다. ②문장은 '남편은 내가 서근철을 좋아하는 것보다 더 서근철을 좋아한다'나 '남편은 나를 좋아하는 것보다 서근철을 더 좋아한다'로 수정해야 한다.

번역 투 문장의 사용

국어의 어순에 맞지 않는 문장이나 영어와 일본어 등을 직역한 번역 투의 문장은 삼가야 한다.

① 그 사람은 선각자에 다름 아니다.
→ 그 사람은 선각자나 다름없다.
또는 그 사람은 선각자라 할 만하다.
② 불조심하는 것은 아무리 강조해도 지나치지 않는다.
→ 불조심은 늘 강조해야 한다.
또는 언제나 불조심해야 한다.
또는 불조심함은 당연하다.

우리는 일본어의 번역 투 문장을 쓰는 경우가 종종 있다. ①의 '~에 다름 아니다'나 '~에 값하다'는 일본어를 직역한 것으로 '~이나 다름없다', '~라 할 만하다' 정도로 고치는 것이 좋다. 또한 ②의 경우처럼 우리는 영어의 관용구를 번역한 표현을 쓰기도 한다. '아무리 ~해도 지나치지 않다'는 'It is not too much to ~'를 직역한 것으로 '언제나 ~해야 한다', '~함이 당연하다'로 수정할 수 있다.

6 글쓰기의 윤리

글은 언제나 어떤 목표를 이루기 위해 쓰인다. 글은 지식과 생각을 전달하기 위해, 연구 결과를 발표하기 위해, 감동을 주기 위해, 사랑을 얻기 위해, 좋은 학점을 받기 위해, 혹은 자기 생각을 정리하기 위해 쓰인다. 그러나 글에 있어서 중요한 것은 그 목표를 달성하는 것뿐 아니라, 그 목표를 올바른 길을 통해 달성하는 것이다. 이를 위해 필요한 것이 글쓰기의 윤리이다.

그래서 글쓰기는 때로는 외롭고 힘겨운 노동이다. 글을 쓴다는 것은 자신이 알고 있는 것과 자신이 생각하는 것을 거짓 없이, 그것도 오로지 자신의 힘으로 드러내는 일이기 때문이다. 따라서 이처럼 외롭고 힘겨운 노동을 하노라면, 누구나 조금 더 쉽게 목표에 도달하기 위하여 올바르지 않은 길을 선택하고 싶은 유혹에 빠지게 된다. 글쓰기에 있어서 올바르지 않은 길이란, 자신이 알고 있는 것과 자신이 생각하는 것을 진실하게 드러내지 않는 것이다. 그리고 그러한 그릇된 글쓰기에서 가장 극단적인 방식이 바로 다른 사람의 지식과 생각을 자신의 지식과 생각인 양 내보이는 것, 즉 표절이다.

이러한 유혹은 너무 강하기 때문에, 세상에 널리 알려진 학자나 문학가도 이러한 유혹에서 벗어나기 어렵다. 우리를 놀라게 하는 무수한 표절 사건들은 사실 그리 놀라운 일이 아니다. 이러한 유혹은 글을 쓰는 사람이라면 누구에게나 나타나기 때문이다. 그러나 글을 쓰는 사람이 모두 이러한 유혹에 굴복하는 것은 아니다. 그렇다면 어떤 사람은 이런 유혹에 굴복하고 어떤 사람은 이를 이겨낼 수 있는 까닭은 무엇일까? 물론 이는 글 쓰는 사람의 도덕성에 달려 있겠으나, 올바른 도덕성을 쌓는 문제는 너무도 복잡하고 어려운 일이기에 여기에서 다룰 수는 없다.

윤리적 글쓰기를 위해 지금 우리에게 특히 중요한 것은 표절이 무엇인가에 대한 올바른 지식을 습득하고 윤리적 글쓰기의 습관을 들이는 것이다. 특히 대학생들은 표절에 대한 무지 때문에 글쓰기 윤리를 위반하는 경우가 많기 때문이다. 여기에서는 표절에 대해 정확한 이해를 할 수 있도록 특히 대학생들의 보고서나 논문 등에서 흔히 나타나는 표절사례를 중심으로 설명할 것이다.

윤리적 글쓰기

윤리적 글쓰기란 글쓰기에 있어서 부정행위를 저지르지 않음을 말한다. 부정행위에는 여러 유형이 있으나 대학생의 글쓰기에 있어 크게 문제가 되는 것은 다음 세 가지이다.

㉠ 위조 : 존재하지 않는 연구 결과를 허위로 만들어 내는 행위
㉡ 변조 : 연구 결과를 왜곡하는 행위
㉢ 표절 : 다른 사람의 아이디어, 문장, 연구 결과 등을 적절한 출처 표시 및 인용 없이 사용하는 행위

이 중에서 위조와 변조는 특히 조사나 실험 결과에 기초하여 글쓰기를 하는 사회과학이나 자연과학분야에서 많이 일어나는 경향이 있지만, 표절은 인문학, 사회과학, 자연과학 등 모든 분야에서 일어난다.

이 중에서 표절은 인터넷을 통한 자료 검색이 용이해진 환경 때문에 더욱 자주 일어나고 있다. 학생들은 인터넷 등에서 상품으로 판매되는 보고서나 논문을 구입하여 그대로 제출하거나 일부를 표절하여 제출하는 경우가 있다. 또한 다른 학생의 보고서나 논문, 혹은 자신이 다른 수업에서 제출했던 보고서나 논문을 다른 수업에서 그대로 제출하는 경우도 있다.

표절에는 다음과 같은 유형이 있다.

㉠ 문장 표절 : 타인의 글이나 핵심 개념 등을 아무런 인용 표시와 출처 표시 없이 자신의 글에 포함시키는 경우
㉡ 짜깁기 표절 : 타인의 여러 글을 인용 표시와 출처 표시 없이 필요한 곳에 군데군데 붙여 글을 만드는 경우
㉢ 말 바꾸어 쓰기 표절 : 타인의 글을 사소하게 표현만 달리하여 다시 써서 이용하는 경우
㉣ 잘못된 전문 인용 : 타인의 글을 인용표시 없이 출처만 밝히고 이용하는 경우
㉤ 포괄적 인용 : 인용한 각각의 글에 인용 표시를 하지 않고, 문단 앞에 포괄적으로 출처만 밝히는 경우
㉥ 데이터 표절 : 타인의 데이터(그림, 표, 그래프 등)를 내 것처럼 인지되게 하거나 내 것과 구분되지 않게 사용하는 경우

표절 사례

타인의 글의 핵심 개념이나 고유 표현 등을 인용 표시 없이 사용

문구나 문장이 아니라 한 단어일지라도, 그 단어가 다른 저자의 특유의 개념이나 표현일 경우에는 인용 표시 없이 사용해서는 안 된다. 단, 일반적인 개념이나 이미 많이 쓰여서 정립된 개념은 인용 표시를 할 필요가 없다.

예시 인간은 자신의 의식 상태 하에서 스스로가 주도적으로 모든 결정을 한다고 생각하지만, 사실 우리는 유전자의 생존 전략대로 살아가는 일종의 생존 기계라 할 수 있다.

해설 "생존 기계"는 리처드 도킨스가 『이기적 유전자』 68쪽에서 제시한 인간에 대한 은유적 개념이다. 이렇게 저자가 독특하게 사용한 용어나 핵심 개념은 인용 표시를 하고 출처를 밝혀야 한다.

수정 인간은 자신의 의식 상태 하에서 스스로가 주도적으로 모든 결정을 한다고 생각하지만, 사실 우리는 유전자의 생존 전략대로 살아가는 일종의 "생존 기계"[1)]라 할 수 있다.

1) 리처드 도킨스, 홍영남·이상임 역, 『이기적 유전자』, 을유문화사, 2010, 68쪽.

타인의 여러 글들을 인용 표시와 출처 표시 없이 필요한 곳에 군데군데 붙이기

타인의 여러 글들을 인용 표시와 출처 표시 없이 군데군데 붙여 사용하는 것은 짜깁기 표절이다.

예시 과학은 이론에 중립적인 관찰자들의 순수한 관찰로 이뤄진 이론체계로 보기 어렵다. 과학활동도 다른 인간 활동들과 마찬가지로 인간들의 관점이 투영된 활동이기 때문이다. 어느 시대의 어느 전문 분야를 면밀히 역사적으로 고찰해보면 다양한 이론들의 개념적, 관찰적 그리고 기기적 응용에서의 그들 이론의 되풀이되는 유사-표준형의 설명들이 나타난다. 이것들은 교재, 강의와 실험 실습에 구현된 과학자 사회의 패러다임들이다. 또한 쿤에 따르면, 이론들에 대한 평가는 지역의 역사적 환경에 의해 결정된다. 쿤은 이론과 관찰의 관계에 관해 분석하면서, 관찰들을 수집하는 어떠한 방식도 이론 중립적이고 객관적으로 행해질 수 없기 때문에 이론들이 자료에 영향을 미칠 수밖에 없다는 점을 제시하고 있다. 이렇게 볼 때, 우리가 한의학을 아직 과학으로서 인정하지 않는 서양의학 중심적 관점은 매우 협소한 과학관을 대변하고 있다고 판단할 수 있다.

해설 첫 번째 줄친 부분은 토마스 쿤의 『과학혁명의 구조』 내용의 일부를 그대로 가지고 왔고, 두 번째 줄친 부분은 제임스 래디먼의 『과학철학의 이해』 내용의 일부를 그대로 가지고 온 것이다. 이 글 전체는 첫 번째 문장과 마지막 문장을 제외하고는 모두 여러 기존 저작물들의 내용을 군데군데 가져와 붙인 것이며 이는 짜깁기 표절에 해당한다. 직접인용이나 간접인용을 활용하여 제시해야 한다.

타인의 글을 사소하게 표현만 달리하여 다시 써서 이용

타인이 쓴 글의 내용을 제시하고 싶을 때, 그 글의 구조와 완전히 다른 글로 그 내용을 제시해야 한다. 글의 구조는 거의 같으면서 동의어나 유의어로 대체하는 방식은 타인의 글을 부당하게 이용하는 것이다.

예시 물질을 이루는 기본입자들이 발견되면서 그로 인해 그것들 간의 상호 관계가 하나하나 밝혀지게 되었다. 이를 바탕으로 물질의 본성은 그 물질들을 이루는 입자들 사이에서 벌어지는 상호작용을 규명해서 밝혀야 한다는 입장이 등장하게 되었다.

해설 이 글은 다음 글을 사소하게 표현만 달리해서 이용한 것이다. "물질을 구성하는 기본입자들의 발견을 계기로 그것들 간의 상호 관계가 추적됨에 따라, 물질의 본질이 그것들을 구성하는 입자들 간의 상호작용을 통해 파악되어져야 한다는 입장이 형성되어 나오게 되었다." 여기에서는 원문의 "구성하는"을 "이루는"이라는 동의어로 고쳤으며 "기본입자들의 발견을 계기로"를 "기본입자들이 발견되면서"이라는 표현으로 사소하게 고쳐서 표현하였다. 이러한 식의 표현은 출처를 밝혔어도 간접인용 원칙에 어긋난다. 표절을 피하기 위해서는 출처를 밝혀야 하고, 간접 인용으로 이용하려면 문장 구조가 아예 다른 표현으로 고쳐야 한다.

수정 물질의 본성이 물질 자체에 속해 있다기보다 물질의 최소 단위 입자들이 서로 상호 작용하는 양태에서 비롯한다는 생각은 물질을 이루는 최소 단위 입자들이 관찰되고 난 이후에 진전을 이루었다.

타인의 글을 인용 표시 없이 출처만 밝히고 이용

타인의 글을 그대로 사용할 때, 출처를 밝혔다고 해도 어느 부분이 인용된 부분인지 정확히 명시해 주어야 한다.

예시 유전자 지도를 이용하여 흥미 있는 유전자와 가깝게 연관된 RFLP marker를 탐색하여, 간접적인 선발에 이용될 뿐 아니라, 고도로 세밀화된 RFLP 지도를 이용한 map-based gene cloning을 할 수 있게 된다.[1)]

1) 이석하, 「콩의 유전자지도 작성 및 그 이용」, 『한국육종학회지』 28권 5호, 1996, 14쪽.

해설 위 글은 출처를 밝혔어도 인용된 부분에 인용 표시(따옴표)를 하지 않았으므로 다음과 같이 수정해야 한다.

수정 "유전자 지도를 이용하여 흥미 있는 유전자와 가깝게 연관된 RFLP marker를 탐색하여, 간접적인 선발에 이용될 뿐 아니라, 고도로 세밀화된 RFLP 지도를 이용한 map-based gene cloning을 할 수 있게 된다."[1)]

1) 이석하, 「콩의 유전자지도 작성 및 그 이용」, 『한국육종학회지』 28권 5호, 1996, 14쪽.

인용한 각각의 글에 인용표시를 하지 않고, 문단 앞에 포괄적으로 출처만 밝히기

한 출처에 있는 여러 글들을 인용하고자 할 경우, 출처를 문단 앞에서 포괄적으로 한 번만 밝혀서는 안 된다.

예시 스티븐 제이 굴드는 그의 유명한 대중과학저서 『풀하우스』에서, 생물학적 진화에 대하여 진보적 관점을 덧붙이는 것에 대해 다음과 같이 회의적으로 대응한다.[1)]

환경이 생물에 진보적인 변화를 일으키는 방향으로 계속 변해간다면 자연선택에 의한 진보를 어느 정도 기대할 수 있다. 그러나 그것은 불가능하다. 어느 지역에서건 지역적인 환경의 변화는 지질학적 연대에 따라 무작위적으로 일어난다.

이러한 이유에서 다윈은 자연선택의 〈핵심적인 메커니즘〉에 의한 진보를 부정했다. 이러한 과정은 그 지역 생물의 적응을 일으킬 뿐이다. 생물들의 적응이 감탄할 정도로 훌륭하기는 하지만 그렇다고 전반적인 진보성을 보이는 것은 아니다.

---

1) 스티븐 제이 굴드, 이명희 역, 『풀하우스』, 사이언스북스, 2002, 194쪽.

해설 위의 글은 문단 앞에 출처를 밝혔지만 그 이후에 나오는 내용의 글 각각에도 인용표시를 해야 한다.

수정 스티븐 제이 굴드는 그의 유명한 대중과학저서 『풀하우스』에서, 생물학적 진화에 대하여 진보적 관점을 덧붙이는 것에 대해 다음과 같이 회의적으로 대응한다.[1)]

"환경이 생물에 진보적인 변화를 일으키는 방향으로 계속 변해간다면 자연선택에 의한 진보를 어느 정도 기대할 수 있다. 그러나 그것은 불가능하다. 어느 지역에서건 지역적인 환경의 변화는 지질학적 연대에 따라 무작위적으로 일어난다."[2)]

"이러한 이유에서 다윈은 자연선택의 〈핵심적인 메커니즘〉에 의한 진보를 부정했다. 이러한 과정은 그 지역 생물의 적응을 일으킬 뿐이다. 생물들의 적응이 감탄할 정도로 훌륭하기는 하지만 그렇다고 전반적인 진보성을 보이는 것은 아니다."[3)]

---

1) 스티븐 제이 굴드, 이명희 역, 『풀하우스』, 사이언스북스, 2002, 194쪽.

2) 같은 곳.

3) 같은 곳.

타인의 데이터(그림, 표, 그래프 등)를 내 것처럼 보일 수 있게 하거나 내 것과 구분되지 않게 사용

내가 만든 데이터가 아닌 타인의 데이터에는 반드시 출처를 밝혀야 한다.

예시 〈표 2〉 소득5분위별 자산분포(2011년) (단위: 만원)

항목	전체	1분위	2분위	3분위	4분위	5분위
총자산	29,765	10,846	16,130	22,813	33,732	65,281
부채총액	8,289	4,400	4,595	5,637	7,879	15,530
순자산	24,560	9,401	13,381	18,963	27,779	53,258

해설 위 표는 출처가 밝혀져 있지 않다. 출처를 밝혀 내가 만든 표가 아님을 나타내어야 한다.

수정 〈표 2〉 소득5분위별 자산분포(2011년) (단위: 만원)

항목	전체	1분위	2분위	3분위	4분위	5분위
총자산	29,765	10,846	16,130	22,813	33,732	65,281
부채총액	8,289	4,400	4,595	5,637	7,879	15,530
순자산	24,560	9,401	13,381	18,963	27,779	53,258

출처: 통계청, 2011년 가계금융조사 결과

글쓰기 윤리 서약

국내외 여러 대학에서는 윤리적 글쓰기를 위해 보고서나 논문에 다음과 같은 윤리 서약을 첨부하고 있다. 글쓰기 윤리를 준수함을 스스로 다짐하기 위해 과제물 앞장에 윤리 서약을 첨부하도록 하자.

글쓰기 윤리 서약

- 여기 제출하는
  ____은/는
  나(우리) 자신이 부정한 수단 없이 작성한 것입니다.
- 나(우리)는 이를 다른 사람에게서 받거나 구매하지 않았으며 이미 다른 곳에 제출한 적이 없습니다.
- 나(우리)는 문장이나 아이디어를 다른 곳에서 가져온 경우에는 그 출처를 정확하게 밝혔고, 이때 그 내용을 위조하거나 변조하지 않았습니다.
- 나(우리)는 연구 결과를 위조하거나 변조하지 않았습니다.
- 나(우리)는 연구와 글쓰기에 참여하지 않은 사람을 저자로 명기하지 않았습니다.

년 월 일

제출자 :

(서명)

(서명)

(서명)

(서명)

(서명)

Ⅱ. 인문사회 글쓰기의 특성

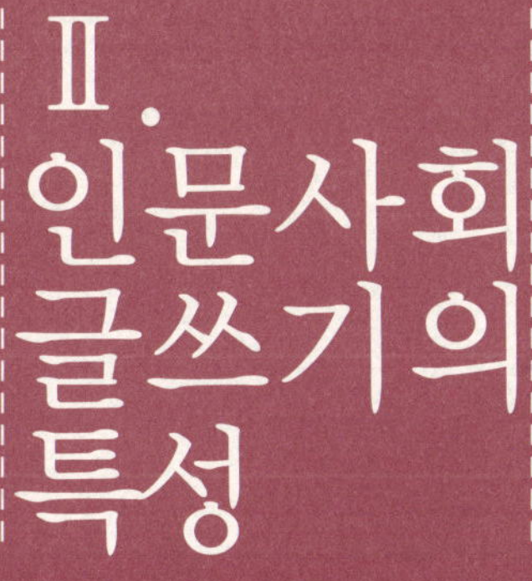

글을 쓴다는 것은 삶을 충만하게 만들고 매혹시키는 유일한 일이었다. 나는 글을 썼다. 글쓰기는 나의 뇌리에서 결코 떠나지 않았다.

– 마르그리트 뒤라스, 『고독한 글쓰기』

1 인문학적 성찰

인문학의 유래

대학에서 인문학은 언어와 문학文, 사학史, 철학哲 분야로 구성된다. 역사적으로 볼 때 이런 학문 편제는 서양에서 로마인들이 교양을 갖추기 위해 문법, 수사학, 시학, 역사, 도덕철학을 배웠던 것에서 유래한다. 당시 서양에서 체제 유지에 필요한 전문직을 배출하기 위한 분야는 신학, 법학, 의학이었고 이 분야를 수학하기 전에 배워야 하는 것이 인문학이었다. 인문학을 배운다는 것은 전문 분야를 수학하기 위한 예비과정의 의미도 있었지만, 고위 전문직을 얻고자 하는 실용적인 목적을 떠나 자유롭게 지적 탐구를 하는 과정의 의미도 있었다.

인문학은 또한 서구에서 신적 질서를 탐구하는 중세 시대의 학문 풍토에 반기를 든 인문주의 사상의 부흥기르네상스에 특별히 중시되었다. 그때에 지식인들은 신이 수립한 것으로 여겨진 자연 원리와 규범 원리 안에서 사물을 인식하고 인간의 가치를 파악하고 행동했던 태도로부터 벗어나기 시작했다. 인간은 인간 스스로 능동적으로 세상의 질서를 파악하는 사고의 틀을 갖고 있는 존재이며, 사물에 가치를 부여하는 유일한 존재로 격상되었다. 서구에서 인문학은 체제유지의 필요나 신적 질서에 대한 예속에서 과감히 벗어나 인간 자신에 대해 묻고 스스로 세상을 바라보는 관점을 만들기 위해 인간의 본성, 역사, 말과 글을 탐구하고 고민하는 학문이라 할 수 있다.

동양 문헌에서는 '인문학'이라는 말 자체가 사용되지는 않았으나 '인문人文'이란 표현은 『주역周易』에서 나타나는데 '천문天文'에 대조되는 개념으로 제시되었다. 여기서 '인문'은 자연의 모습과 이치에 대조되는 인간의 모습과 이치를 지칭하며, 인간을 인간답게 만드는 '시서예악詩書禮樂'과 '예교문화禮教文化'를 의미한다고 볼 수 있다.(백종현, 「인문학의 이념과 한국인문학의 과제」) 인간들이 움직이는 모습과 이치는 자연의 삼라만상들이 움직이는 모습과 이치와 다를 것이다. 자연의 이치는 인간의 법도나 예에 무관하게 그 나름의 법칙대로 정립되어 있기 때문이다. 따라서 인문적 이치를 다루는 학문 분야는 자연의 이치를 다루는 학문 분야의 성격과 달리 파악되고 달리 활용되어야 한다.

인문학이 추구하는 것

인문학 개념의 역사적 기원이 대강 이렇다 하자. 인문학은 왜 필요하고 무엇을 목표로 하는 학문일까? 사회과학이 사회현상을, 자연과학이 자연현상을 파악하고 예측하고 통제하기 위해 필요한 반면, 인문학은 이렇게 탐구 대상을 파악, 예측, 통제하기 위해 필요하다기보다 인간의 고유한 정신적 능력을 고양하여 인간적 가치를 확보하기 위해 요구된다. 그렇다면 인간이 고유하게 가진 정신 능력이 무엇일까? 여러 답이 있을 수 있지만 가장 공통적으로 동의할 만한 것이 몇몇 있고 이로부터 인문학이 겨냥하는 인간의 가치가 나올 수 있다. 그 답을 세 가지로 제시해 볼 수 있다.

첫째, 세상을 인식하기 위한 관점 형성의 능력이다. 즉, 세상이 전해 주는 데이터들을 수동적으로 받아들이기보다 어떤 관점 하에 그것을 받아들이고, 그 관점에 대해서도 반성할 수 있는 능력이 인간 고유의 정신능력이다. 세상을 바라보는 관점 자체를 되돌아 볼 수 있고, 기존의 것을 수정하거나 새로이 형성할 수도 있는 능력이다. 이 능력으로 인해 인간은 자연법칙을 그대로 받아 적는, 신의 계시를 그대로 받아 적는 존재에서 벗어난다. 인간은 스스로 개념, 의미, 관점 등을 형성하여 그 틀 하에서 감각 데이터를 받아들인다. 세상이 인간에게 세상의 이런 저런 것을 알려 주기 위해 모습을 내민다기보다 인간이 세상을 알기 위해 개념, 의미, 관점의 그물망을 세상에 던져 세상의 모습들을 꺼내 온다.

둘째, 도덕적, 미적 가치의 기준을 창조하는 능력이다. 절대자인 신이 정해 준 것이라 간주되어 온 질서에서 벗어나 그리고 자연적인 메커니즘의 방향에서 벗어나 스스로 가치 기준을 탐구하고 마련하는 능력이 인간에게 있다. 이 능력이 있기에 인간은 절대자에 복종하는 존재, 자연법칙에 굴복하는 존재가 아님을 천명할 수 있다. 철학자 칸트는 이 능력으로 인해 비로소 인간은 존엄한 존재일 수 있다고 보았다. 그리고 스스로 가치를 판단하고 그에 따라 바람직한 것을 수행하는 능력이 인간에게 고유한 능력임을 부정할 사람은 없을 것이다.

셋째, 위의 능력을 가능케 하는 의사소통 능력이다. 다른 존재들과 달리 인간의 의사소통은 말과 글을 통해 이뤄질 수 있다. 세상을 인식하는 관점 형성의 능력과 가치 기준을 마련하는 능력은 한 사람이 온전하게 수행할 수 있는 능력이 아니다. 각자가 바라본 것들에 대해 서로 이야기하고 공유하고 다른 점을 찾아내고, 왜 다른지 그 원인을 분석하면서 인간은 세상을 인식하는 관점을 좀 더 제대로 형성할 수 있으며 가치 기준을 좀 더 잘 정립할 수 있다. 인간은 의사소통을 통해 공동체를 이루며 이런 정신능력을 공유하는 능력을 지녔기에 그 정신능력을 더욱 발전시킬 수 있다.

요컨대 인간은 스스로 세상을 인식하는 관점을 가진 존재이고 가치를 정립하는 존재이며 이런 능력을 발휘하기 위해 서로 소통할 줄 아는 존재이다. 인문학은 이러한 인간 고유의 정신능력을 고양시키기 위해 필요하다. 그러면 인문학은 어떻게 이런 능력을 고양시킬 수 있을까?

인문학이 다루는 것

인문학은 인간이 가진 면모를 통해서 위 문제를 해결한다. 인문학이 전통적으로 집중한 인간의 세 가지 면모는 이러하다. 첫째, 다른 무생물이나 동식물과 달리 인간은 언어적 존재이다. 여기서 말하는 언어는 기록될 수 있는 문자화된 언어를 의미한다. 사고가 먼저 있고, 그 사고를 표현한 것이 언어라고 볼 수도 있지만, 많은 경우 언어가 사고를 만들어 내기도 한다. 사실, 언어적 개념을 전혀 통하지 않고서는 머리속에 떠올리기 어려운 사물이나 현상들도 많다. '가을'이라는 언어가 표현하는 개념이 없었다면 가을의 여러 현상들을 어떤 통합된 이미지로 떠올리지 못했을 것이다. 언어는 떠돌아다니는 의미들을 한

군데로 붙잡아주고 우리로 하여금 그 언어를 중심으로 의미를 형성하도록 해 준다. 그래서 언어는 그 사람 혹은 어떤 공동체의 사고방식, 세계관, 가치관을 알아보기 위해 탐구해야 할 대상이 된다. 인간의 언어를 탐구하다는 것은 문법을 탐구하는 일, 논리를 탐구하는 일, 수사를 탐구하는 일, 그리고 아름다운 언어적 표현으로 가득한 문학작품을 접하는 일을 포함한다. 이런 일들을 통해 세상을 인식하는 인간의 정신능력을 고양할 수 있다. 이것이 언어학, 논리학, 수사학, 문학을 통해 이뤄진다.

둘째, 다른 무생물이나 동식물과 달리 인간은 역사적 존재이다. 인간은 동시대인들과의 의사소통을 통해 관점을 형성하고 가치를 정립하기도 하지만, 지금 벌어진 사건과 현상을 이해하기 위해 과거로 거슬러 올라가기도 한다. 왜냐하면 인간은 늘 앞선 사건의 선택의 결과로 지금의 상태를 맞이하기 때문이다. 인간은 다른 동물들과 달리 이를 기록하고 이런 기록을 통해 많은 사건들을 기억하고 있기에 관점 형성과 가치 정립의 능력을 더 발휘할 수 있다. 이해하기 어려운 타인의 세계관이나 가치관에 직면했을 때, 그들의 역사를 탐구함으로써 비로소 그들을 이해할 수 있게 된다. 우리 공동체의 역사, 다른 공동체의 역사를 탐구하는 일은 세상을 파악하고 우리 공동체와 타 공동체가 나아가야 할 방향과 그 방향의 가치를 정립하는 인간의 정신능력을 고양시키는 데에 도움이 된다. 이것이 역사학을 통해 이뤄진다.

셋째, 인간은 자신에 대해 생각하는 존재이다. 인간은 외부 대상을 바라보는 데에 그치지 않고, 그 대상을 바라보는 나 자신에 대해서도 생각한다. 혹은 타인의 시선으로 자신을 바라보기도 한다. 이런 활동을 통해 인간은 생각하는 자신에 대해 생각할 수 있게 되었고, 세상을 수동적으로 받아들이기보다 적극적으로 되돌아보고 구성할 수 있게 되었다. 그리고 자신에 대해 생각해 본 결과 그 자신이 가치를 정립할 수 있는 존재임을 알게 되었다. 인간의 정신 능력 자체에 대해 묻고 탐구하는 것은 당연히 정신 능력을 고양시키는 것의 기본 단계에 해당할 것이다. 이것이 철학을 통해 이뤄진다.

요컨대 이런 인간의 언어, 역사, 사고에 대한 탐구를 통해 인간은 스스로 세상을 인식하는 관점을 형성하고 가치를 정립하는 능력을 고양한다. 그리고 소통 능력을 발휘함으로써 앞의 두 능력을 더 증진한다. 인문학적 활동이 경시된다는 것은 인문학이 추구하는 가치가 경시된다는 것이다. 인문학이 추구하는 가치가 경시된다는 것은 인간 고유의 정신능력을 고양시킬 필요성이 경시된다는 것이다. 그렇게 되면, 인간은 지금까지 인문학이 축적해 놓은 무형자원인 정신능력을 모두 써버리기만 하고 더 쌓아 두지 못하는 상태를 맞이하게 될 것이다.

자연과 사회에 대한 파악, 예측 그리고 통제를 목표한 학문들(사회과학, 자연과학)은 그 학문 활동을 하는 주체의 정신능력이 충분히 마련되어 있어야 지속될 수 있을 것이다. 인문학적 사고는 이 능력의 고양을 추구하는 사고이며, 인문학적 글쓰기는 이런 사고를 끊임없이 표출하는 글쓰기라 할 수 있다. 그리고 더 나아가 사회과학, 자연과학 분야의 글쓰기가 어떤 실험, 통계, 연구를 통해 산출된 결과를 잘 전달하는 수단적 성격을 주로 가지는 것에 반해, 인문학적 글쓰기는 그 자체가 하나의 사상을 산출하는 창조적이고 독자적인 가치의 활동이라는 점을 유념해야 한다.

2 사회과학적 탐구

사회과학의 아슬아슬한 줄타기

사회과학은 인간의 사회적 행위, 사회구조, 사회현상에 대해 탐구하는 학문분야를 일컫는다. 인간에 대한 탐구를 포함한다는 점에서 인문학과 비슷하지만, 인간 고유의 정신능력의 증진을 위한다는 목표보다 인간의 사회적 행위, 구조, 현상을 인간적 가치에 독립적으로 사물처럼 놓고 연구하는 것을 목표로 하여 그에 맞는 방법론을 택하기도 한다는 점에서 자연과학과 비슷하기도 하다. 어떤 대상을 파악한다는 것은 그 대상의 변화를 예측할 수 있고, 그 대상의 변화를 예측한다는 것은 그 대상을 통제할 수 있다는 것을 의미한다. 그래서 정치학, 경제학, 사회학, 인류학 등의 사회과학 분야는 인간의 정치적·경제적·사회적 행위와 제도의 구조를 이해하고 파악해서 예측하거나, 그 예측을 통해 통제함을 목표로 할 수 있다. 물론 학자들의 목표는 학문 자체가 겨냥하는 지적 호기심의 해결에 그치는 경우가 많고, 정책가나 경영자들의 목표는 그 결과들을 기반으로 사회구조를 예측하고 통제하는 것까지 나아가는 경우가 많다.

사회과학은 인간 사회에 대한 관심의 측면과 그 대상에 대한 과학적 관심의 측면이 팽팽한 긴장관계에 놓인 분야라 할 수 있다. 인간 사회에 대한 관심의 측면은 그 탐구 주체인 인간의 관점을 배제하고 생각하기 어렵다. 반면, 과학적 관심의 측면은 그 탐구 주체인 인간의 관점의 색깔을 최대한 없애는 것을 지향한다. 인간의 정신 능력을 고양하는 것을 겨냥한 탐구활동을 하기보다, 탐구 대상의 본 모습을 가장 정확히 파악하는 데에 적합한 탐구활동을 하는 것이 과학적 관심사이다.

인문학과 자연과학 사이에 아슬아슬한 줄타기를 하는 사회과학의 이러한 성격에 대해 서구에서는 오래전부터 치열한 논쟁이 있었다. 한쪽에서는 자연과학적 방법론에 준하는 사실과 논리의 방법론을 강조하고 가치를 배제하는 실증주의 진영이 있었고, 다른 한쪽에서는 그러한 조류에 경종을 울리는 입장, 즉 인간이 인간 사회를 관찰하는 데에 있어 가치가 전혀 배제될 수 없다는 한계를 지적하고 그런 가치중립적 태도가 오히려 특정한 이데올로기 하에서 작동될 수 있음을 경고하는 입장이 있었다.

사회과학이 자연과학적 방법론을 닮아간다는 것은 무엇을 말하는 것일까?

첫째, 사회과학이 자연과학처럼 관찰과 이론 성립에 있어 인간의 관점과 가치가 개입되어서는 안 된다는 가치중립성을 피력한다는 것이다. 막스 베버는 사회과학자뿐 아니라 모든 학자들이 이러한 가치중립을 지킬 것을 요구하였다. 사회과학자는 거리의 선동가가 되어서는 안 된다고 베버는 힘주어 말하였다. 이는 칼 마르크스가 자본주의에 대한 냉철한 사회과학적 분석을 내놓으면서 동시에 자본주의 사회에 대한 공격과 타도의 태도를 표출한 것에 대조되는 태도라 할 수 있다. 이러한 태도에는 관찰자의 가치가 투영되지 않고서 식별될 수 있는 객관적인 사회적 '사실'이 존재한다는 가정이 기저에 있다.

둘째, 통계나 수리적 계산을 통해서 현상들에 대한 수치화, 계량화가 이뤄진다는 것이다. 수치로 표현될 만한 현상을 수치화하는 것에 그치지 않고, 수치로 표현되기 힘든 현상을 설문을 통한 통계로 수치화하기도 한다. 가령, 어떤 정책이나 정치 지도자에 대한 지지도, 만족도 조사 혹은 진보적 성향과 보수적 성향의 수치화와 같은 것이다.

셋째, 분야에 따라 실험이라는 방법을 사용해서 어떤 결론을 내리기도 한다. 인간 행동을 연구하는 심리학 분야는 특히 이러한 실험을 많이 활용한다. 어떤 가설이 통제된 실험을 통해 반복적으로 재현 가능한 결과를 산출할 때, 그 가설은 과학적으로 입증된 것으로 여겨진다. 인간의 행동 역시 이런 통제된 실험을 통해 그 인과관계가 파악되는 대상이 될 수 있다는 가정이 이에 깔려 있다고 할 수 있다.

과연 사회과학은 이런 방식을 통해 자연과학의 정확성과 엄밀성을 확보할 수 있을까?

첫째, 우리는 사회과학이 닮고 싶어 하는 자연과학 분야의 가치중립성마저도 사실은 문제의 소지가 큰 개념이라는 과학철학자 쿤의 주장에 주목해야 한다. 관찰자는 어떤 특정한 과학 공동체 안에서 그 공동체가 훈련시켜온 행동 패턴과 관점 하에서 그 공동체가 인정한 개념을 통해 대상을 관찰한다는 것이 쿤의 입장이다. 물리학과 천문학의 역사도 그런 면모를 보였는데 하물며 인간 사회를 다루는 사회과학의 역사는 어떠할까?

둘째, 양적인 특징들은 계량화될 수 있지만, 질적인 특징들이 계량화되려면 질을 양적 척도로 환원하는 과정에서 자의성이 개입될 수 있다. 가령, 어떤 대통령 후보의 진보성향 지수를 숫자로 표시하기 위해 진보성향을 안보관, 경제관, 정치관 등의 요소 등의 합으로 환원하는 과정과 그 과정에서 어떤 요소들이 일정한 수치의 눈금으로 표현되는 것이 객관적으로 인정되어야 한다. 하지만 진보성향의 정도와 성립요소를 정하는 객관적이고 사실적인 기준은 존재하지 않는다. 물론 국민총생산이라든지, 국민의 평균 나이, 평균 결혼연령 등은 수치화할 수 있다. 그러나 이렇게 수치화가 가능한 것들 외에도 국민행복도, 인권보장도, 언론자유도 등 수치화되기 어려운 성질들에 대한 계량화가 종종 이뤄지는데 이 과정에서 기준 설정과 척도 설정의 자의성이 개입할 여지가 매우 다분하다.

셋째, 사회현상은 통제된 실험을 활용할 수 없는 것들이 상당히 많다. 가령, 부동산 정책에 따른 경기부양 효과는 통제된 실험을 할 수 없다. 근대 사회과학은 자연과학에서 이뤄지는 통제된 실험을 지향하지만 많은 경우 연구 대상의 특성상 그런 식으로 실험이 이뤄질 수가 없다. 따라서 이미 지나간 경험으로 이뤄진 역사적 자료와 통계나 동시대 여러 지역의 자료와 통계를 이용하는 방법이 사용된다. 하지만 통계들은 한계가 있다. 엄밀한 대조군과 실험군을 마련하기 어렵기 때문이다. 가령, 포르노그라피 시청이 여성에 대한 남성의 성폭력의 원인인지를 규명하는 사회학적 연구가 진행되었지만, 포르노그라피를 전혀 보지 않은 남성의 (의미 있는 양의) 표본을 얻지 못해 성폭력의 단독 원인으로서의 포르노그라피 시청의 폭력적 효과에 대한 조사가 불가한 경우가 있었다. 이렇듯 어떤 가설을 입증하기에 최적화된 통계가 마련되기 어려운 경우가 많다.

하지만 심리학 분야에서는 인간의 개별적 행위를 대상으로 실험하기도 하기 때문에 이런 것들이 정치학, 경제학에서 많이 활용되기도 한다. 과연 이런 심리 실험은 자연과학이 그러하듯이 사회현상을 파악하고 통제하는 데에 도움이 될까? 인간의 심리는 자연현상보다 훨씬 복잡하기 때문에 변인통제가 충분치 못할 가능성이 크다. 따라서 자연과학에서 이뤄지는 실험보다 유익하지 못할 가능성이 좀 더 많다.

그렇다면 사회과학은 자연과학처럼 인간의 가치판단을 떠나 독립적인 분과학문으로서 위상을 갖지 못한 채, 인간의 가치에 매몰된 분야로 남아 있어야 할까? 사회과학은 자연과학의 방법론을 추구하든가, 주관적인 활동으로 남든가 둘 중 하나의 길을 가야 할까? 사회과학에 접근하기 위해서는 어떤 태도가 필요할까? 세 가지 태도가 필요한 것으로 보인다.

공정하게 탐구하기

인간이 인간의 관점을 완전히 초월한 관찰과 해석을 하기 어렵다는 것은 자연과학에서도 인정되는 바이다. 그렇다고 인간의 특수한 이해관계에 휘둘려 편향적이고 주관적인 가치평가 하에 사실을 왜곡할 수도 없는 노릇이다. 그렇다면, 학문을 하는 이들이 지켜야 할 태도는 무엇일까?

인간은 중립적일 수 없지만 공정할 수 있다. 즉, 내가 인간의 관점을 떠날 수는 없지만, 내 개인의 사적 이해관계의 관점은 떠날 수 있다는 것이다. 나는 어떤 특정한 문화적 배경과 맥락에 물든 사고와 관점 하에서 관찰을 할 수도 있다는 점을 인정해서 그것을 내 관점의 수정 가능성의 여지로 생각하면서도, 최대한 특정한 정파나 사적인 이해관계에 따라 학문 활동을 하지 않도록 의식적으로 노력할 수 있다. 진정한 학자라면 일부러 어떤 결과가 잘 나오는 편향된 방법론과 절차를 채택하여 결과를 조작하거나 왜곡하지 않아야 하며 그런 일을 충분히 피할 수 있다. 물론 그 능력이 곧 내가 완전히 중립적이고 초월적인 관찰을 해낼 수 있다는 것을 의미하지는 않는다. 다만 공정을 기하는 것은 충분히 의식적으로 노력할 수 있는 태도이다.

한편 공정하게 채택한 방법과 절차를 통해 나온 결과로 인해 지적인 충격을 받고 그것을 널리 사회에 알려서, 잘못된 정보로 왜곡되어 있는 사회의 인식에 분노하고 그것을 바꾸려 애쓰는 활동을 하는 것이 반드시 학자적 태도를 벗어나는 것이라 할 수 없다. 어떤 것을 안다는 것은 관조적인 관찰자적 태도를 우리에게 요구하기도 하지만, 그 앎을 가진 주체로부터 나올 수밖에 없는 어떤 실천을 요구하기도 하기 때문이다.

하지만 사람들에게 어떤 (옳든 그르든 간에) 행동을 유발하기 위해 공정하지 못한 방법과 절차로 왜곡된 결론을 산출하여 제시하는 것은 학자적 태도를 벗어났다고 볼 수 있다. 사회과학은 인간의 가치를 함양하기 위한 분야라기보다 최대한 인간 사회의 있는 그대로의 모습을 관찰하고 파악하여 구조와 원리를 설명하는 분야라고 할 수 있기 때문이다.

사실과 현실에 관심 갖기

인문학과 달리 사회과학에 있어 '사실'은 중요한 의미를 가진다. 그 '사실'이 가치중립적인 것이든 아니든 간에 말이다. 사회과학은 현실에서 관찰되는 것만을 토대로 어떤 결론을 이끌어 내려고 한다. 반면 인문학은 현실에서 한 번도 완벽하게 실현되지 않은 가치들에 대해서도 논할 수 있다. 가령, 진리, 정의, 아름다움은 현실에서 완벽하게 관찰될 수 없는 이상들이다. 인간은 그것들을 마음에 담을 수 있는 사고능력이 있기에 인문학적 담론들은 이런 것들에 대해 주장하고 서로를 설득시키기도 한다. 하지만 사회과학은 실증주의의 노선 쪽으로 방향을 튼 이후 이러한 이념의 추구와 논쟁에서 많이 멀어졌다.

사회과학자들이 눈에 보이지 않는 가치에 대한 논의를 포기하고 현실에서 관찰한 사회적 사실들에 근거해서만 결론을 찾는 것은 나름의 좋은 의미가 있다. 가령, 몇몇 집단의 이념과 가치에 불과한 것을 마치 모두에게 객관적으로 통용되어야 할 가치인 양 주장하는 일을 피할 수 있게 한다. 남녀의 지적 수준, 혹은 인종의 지적 수준은 남녀 혹은 인종 간 정치적 불평등을 정당화할 정도로 차이가 난다고 주장했던 몇몇 집단의 가치 평가와 이념은 남녀의 지능과 인종별 지능에 관한 사실적 통계, 관찰 근거에 의해 지지되지 못한 거짓 주장임이 사회과학적으로 드러났다. 이렇듯 사실이 아닌데 사실인 양 주입되는 잘못된 이념들을 관찰된 사실에 근거해 논박하는 역할을 사회과학이 맡을 수 있다.

그리고 사회과학의 이러한 현실사실 관련성은 이상적인 유토피아를 그려내기보다 실현 가능한 정책의 근거를 마련하는 데 기여할 수 있다. 인문학적 활동은 반드시 현실성을 충족시킬 필요가 없지만, 사회과학은 정책에 대한 연구에 있어 실현 가능성이나 현실적 효과성을 염두에 둔다. 인문학적 활동은 인간적 가치들을 논하고 고양시키는 것을 목표로 하기 때문에 어떤 아이디어가 얼마나 경제적으로 효율적인지 실현 가능한지를 기준으로 하지 않는다. 훌륭한 시인의 시 한 편이 얼마나 가치 있는지를 논하는 것은 그 시가 꿈꾸는 사회가 어떻게 해야 실현 가능한지, 그 사회를 이루기 위해 얼마나 경비가 드는지, 그 시의 독자들이 발산하는 긍정적 기운이 경제적 효과를 얼마나 산출하는지에 대한 논의를 필요로 하지 않는다. 하지만 사회과학은 그런 논의를 다루며 우리에게 인문학에서 기대하는 것과는 다른 차원의 고려를 가능하게 한다. 이렇듯 사실적 토대만 인정하여 결론을 이끌어 내고, 현실에서 실현 가능한 전략을 탐색하는 것이 사회과학의 독특하고 필요한 기능이라 할 수 있다.

실험을 활용하되 그 한계 인정하기

사회과학은 자연과학에서처럼 연구 대상을 실험 설계에 맞게 통제하기 힘들다. 인간과 인간 사회를 대상으로 하기 때문에 그렇다. 어떤 결과가 나올지 알고 싶어서 일부러 어떤 변인이 통제된 제도와 사회구조를 만들어 그 안에 사람을 살게 해 볼 수도 없다. 앞서 논의했듯이 심리학에서도 변인통제가 자연물처럼 쉽지 않다. 인간의 심리는 더욱 복잡하기 때문이다.

하지만 그렇다고 인간 사회의 제도와 구조에 대한 실험에 근거한 과학적 접근을 아예 포기하는 것은 사회과학적 탐구 활동의 가치를 너무 손쉽게 저버리는 꼴이다. 제도와 구조 하의 인간의 행동에 대한 거시적 차원의 결론을, 인위적으로 통제된 특정 상황 하의 인간의 행동에 대한 미시적 차원의 심리 실험의 결론으로부터 곧바로 얻을 수는 없지만, 그런 심리 실험들은 인간의 행동에 대한 막연한 추정보다 더 현실적인 통찰을 주기도 한다. 가령 '깨진 유리창 이론'은 범법 행위가 조금이라도 벌어진 곳에서 더 많은 범법 행위들이 자행될 경향성이 있다는 것을 주장하는 이론인데, 투기된 쓰레기가 아예 없는 곳과 조금 모여 있는 곳에서의 쓰레기 투기 경향에 관한 행동 실험을 통해 입증되며, 이는 현실에서 범법행위를 막는 환경, 제도, 구조를 만드는 일에 유익하게 활용된다.

인간은 자기 이익의 최대화를 추구하는 방향으로 거래활동을 할 것이라는 경제학적인 추정을 깬 것도 공정성 심리가 개입된 어떤 거래 행동의 실험을 통해서였고, 이는 현실에서 어떤 맥락과 상호 작용의 구조에서는 효용 계산과 수요-공급 법칙을 과감히 거스르는 인간의 행동과 심리가 작용한다는 점을 밝혔다.

사회과학은 자연과학적 방법들을 추구하여 그 방법론을 통해서 얻어질 수 있는 결과를 얻는 것만 추구해서는 안된다. 실험이 불가한 문제의 영역이 매우 많고, 여러 변인들이 섞여 있는 기존의 현상들에 대한 통계만이 활용될 수 있는 경우가 많기 때문이다. 그렇다고 실험적 방법을 완전히 포기하는 것이 자신의 한계를 인정하는 유일한 방법은 아니다. 막연한 추정을 기정사실화하는 것보다는 실험을 통해서 어떤 가설을 확인할 가능성을 조금이라도 높여가는 방법을 쓰는 것은 여전히 사회과학도들에게 좋은 방법론으로 남아 있다.

요컨대 사회과학이 본래 가진 이러한 학문적 한계와 특성을 이해한 상태에서 최대한 학문적인 공정성과 사실성을 추구하는 것이 사회과학을 하는 이의 좋은 태도이고, 이런 관점에서 사회적 현상을 진단하고 파악하며 글을 쓰는 것이 좋은 사회과학적 글쓰기에 필요한 태도라 할 수 있다.

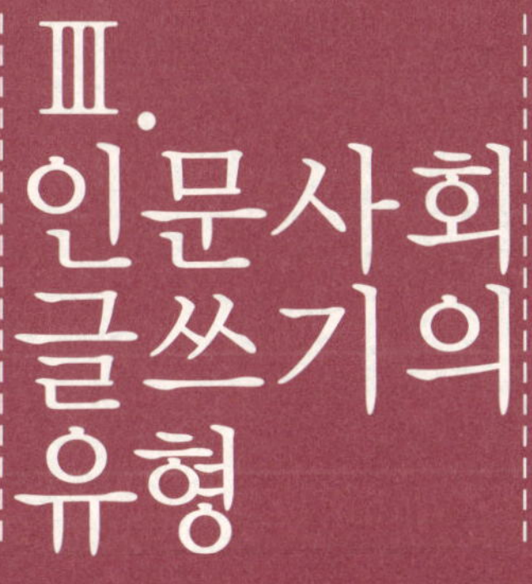

Ⅲ. 인문사회 글쓰기의 유형

글쓰기가 내 목숨을 살려준 것은 아니지만, 예나 지금이나 한결같이 나를 도와준다. 글쓰기는 내 삶을 더 밝고 즐겁게 만들어 주는 것이다. (중략) 글쓰기란 작품을 읽는 이들의 삶을 풍요롭게 하고 아울러 작가 자신의 삶도 풍요롭게 해 준다.

– 스티븐 킹, 『유혹하는 글쓰기』

1 비평문

같은 영화를 보더라도 영화의 전반적인 느낌이나 분위기, 인상적인 대사가 중심이 되는 글이라면 이는 영화 감상문수필에 해당된다. 그러나 영화의 줄거리서사 분석, 사회적 맥락, 감독의 주제의식과 문제의식을 꼼꼼히 분석하고 평가한다면 이는 영화 비평이 된다. 이렇듯 에세이와 비평은 자신의 가치판단이 글 속에 적극적으로 개입되었느냐 아니냐를 두고 그 성격이 나뉜다.

일상 속에서 무언가를 보고 생각하고 느낀 것들을 형식의 제한 없이 글로 표현할 때 이를 수필이라고 한다. 수필은 논리성보다는 개성적인 생각과 느낌의 글로 문학, 연극, 영화, 미술, 사진, 건축 등 다양한 대상을 표현한다. 최근 블로그에 사진과 함께 맛집을 소개하거나 멋진 장소를 소개하는 글들은 모두 경수필miscellany에 속한다. 그러나 똑같은 대상이라도 예리한 비판과 객관적인 분석을 바탕으로 한다면 이는 중수필essay이 된다. 우리가 흔히 부르는 에세이는 비평문에 가깝지만 부드러우면서도 날카롭고 일상적이지만 전문성이 가미된 매력적인 글을 말한다.

원래 비평批評은 어떤 대상에 관한 필자의 옳고 그름을 판단하는 것으로 그 대상은 여러 가지가 될 수 있다. 정치적인 상황이나 사건과 이슈를 다루면 정치 비평이나 시사 비평이 되고 문학이나 영화 같은 예술 작품을 대상으로 하면 예술 비평이 된다. 비평은 필자의 주관적 생각이 뚜렷하게 드러나는 글로써 대상에 대한 해석과 분석, 그리고 가치평가를 중심으로 대상과 주변을 이해하는 데 도움을 주는 글이다.

'로쟈의 저공비행'이라는 파워 블로그를 운영하는 블로거 이현우는 『로쟈의 인문학 서재』를 출간하고 서평가로 왕성하게 활동하고 있다. 그는 서평과 비평을 다음과 같이 설명하고 있다.

> 독자들이 같은 책을 다시 읽도록 하는 것이 비평이라면, 서평은 책을 읽을지 말지 판단할 수 있는 자료를 제공하는 것이다. 비평이 어떤 책을 이미 읽은 독자들을 대상으로 한다면, 서평은 아직 읽지 않은 독자를 대상으로 삼는다.
>
> – 이현우, 「표류하는 책의 바다에서 나침반이 되다」

독자가 '같은 책을 다시 읽도록' 하기 위해서는 필자만의 독특한 시각과 탁월한 해석이 글 속에 녹아 있어야 한다. 기왕에 독자가 똑같이 경험한 대상을 논리적으로 자극하여 그들의 생각을 발전적으로 확장시키는 것이 비평의 힘이다. 그렇다면 독자를 이성적으로 고무시키기 위한 비평의 힘은 어디에서 나오는 것일까. 문학 비평가 신형철은 이에 대한 비법을 다음과 같이 전하고 있다.

> 섬세함은 비평의 여러 가치 중 하나가 아니라 비평의 근본이라고

> 생각합니다. 왜냐하면 비평이 미세한 진실에 대해 말하는 사회적 실천일 수 있으려면, 섬세함 없이는 불가능하거든요.
>
> – 신형철, 「비평은 함부로 말하지 않는 연습이다」

이때 섬세함이란 대상을 근성 있게 바라볼 수 있는 관찰과 애정에서 나온다. 문학 비평은 인간을 바라보는 따뜻한 시선이 있어야 가능하고, 한 인간이 행복해지기 위해서 이 사회와 주변 사람들이 어떻게 관계를 맺어야 하는지에 대한 고민을 가능케 한다. 삶의 모든 순간을 포착한다는 문학평론가 정여울 역시 문학평론을 하는 이유가 '어떤 삶을 살고 싶은가'에 관한 고민이었다고 한다. 따라서 삶을 둘러싸고 있는 모든 대상과 현상에 관한 원인 분석과 이해 그리고 해결점을 찾기 위한 지식 공동체의 결과물이 비평인 셈이다.

때로는 무장해제를 하듯 편안한 마음으로 대상을 관조하고 사유하는 수필은 글을 쓰는 과정 자체가 자신을 치유하고 정리하는 과정이기도 하다. 그러나 비평은 개인적인 생각을 확장하여 보다 적극적인 사회를 만들기 위한 능동적인 글쓰기이다.

비평의 덕목 혹은 특징

탁월한 감상문이 좋지 못한 비평문보다 독자의 마음을 사로잡기도 한다. 감상문이라고 해서 모두 비평문보다 못하거나 나약한 글은 아니다. '어떤 대상에 대한 글쓴이의 생각'을 다룬다는 점에서는 비평문과 감상문의 출발은 같지만 그 목적과 구성은 차이가 있다. 비평문은 대상을 분석하고 그 의미의 타당성을 밝히려는 것으로 자신의 생각과 느낌을 설득력 있게 전달하려는 목적이 있는 반면, 감상문은 대상에 대한 분석보다는 생각이나 느낀 점을 주관적으로 표현하는 것이다. 따라서 비평문은 근거와 결론을 갖고 대상에 대한 분석과 해석에 집중한다. 이에 비해 감상문은 대상을 감상하게 된 배경이나 소감을 요약하여 표현한다.

비평은 자신의 전문적 지식을 독자에게 자랑하기 위해서 쓰는 것이 아니다. 비평가는 대중과 전문적 영역을 잇는 가교의 역할을 담당한다. 과학이나 역사, 예술과 같은 전문적인 지식을 대중들이 이해하기 쉽도록 해석하거나 설명하고 그에 따른 예단을 논리적으로 전달하는 것이 비평가의 임무이다. 그렇다고 비평 대상을 왜곡하여 해석하거나 한편으로 치우친 평가를 하는 것은 금물이다. 따라서 바람직한 비평은 첫째, 창의적인 해석이라는 이름 아래 주관적 해석만을 고집하지 않아야 하며 둘째, 독자들이 어떤 대상을 쉽게 이해할 수 있도록 비평의 과정을 통해 도울 뿐만 아니라 대상에 관한 인식의 지평을 확장시킬 수 있어야 한다. 이것이야말로 죽은 지식인의 사회로부터 실천하는 지식인의 사회로 변화를 야기하는 비평의 덕목이다. 그러기 위해 신형철의 '정확한 문장'에 관한 생각을 참고해 보자.

그는 "문법적으로 정확한 문장이 아닌, 사태의 본질에 대해 정확한 인식에 도달함으로써 다른 그 어떤 문장으로도 대체할 수 없는 문장"을 정확한 문장으로 꼽는다. 여기서 '사태의 본질에 대해 정확한 인식'은 모든 비평가가 꿈꾸는 궁극의 목표이다. 정확한 인식을 위한 끊임없는 관찰과 탐구, 분석적 노력은 비평이 갖는 덕목이기도 하다. 마지막으로 바람직한 비평은 필자의 비판적인 평가가 드러나야 한다. 이때 비판이란 애정이 겸비된 크리틱critic을 말하며 비난과 구별되어야 한다. 이왕이면 대안이나 제안을 통해 독자가 대상을 객관적으로 이해할 수 있도록 하는 것이 비평의 역할이다.

비평을 쓰기 위한 노력

그렇다면 비평의 글을 쓰기 위해서는 어떤 노력이 필요할까. 우선 기존의 진부한 관점에서 걸어 나와 융합적이고 총합적인 시각을 견지해야 한다. 먼저 사회적 상황이나 기존의 현상을 이해하기에 앞서 끊임없이 '왜'라는 문제에 주목하여야 한다. 기존의 자신이 갖고 있던 편견이나 습관에서도 벗어나야 한다. 전공이나 종교적 관점이 자신에게 고착되어 있는 것은 아닌지도 살펴봐야 한다.

둘째, '왜'와 관련된 문제가 해결되었다면 이제부터는 원인과 관련된 파급효과와 맥락을 분석해야 한다. 만일 책에서 저자가 던지는 질문이 책 속에 드러나 있지 않았다면 자신이 해석한 의견을 제시하는 것도 한 방법이다. 다음은 김대식의 『빅 퀘스천』을 학생이 서평한 글이다.

> 이 책의 질문 즉, 8개의 작은 질문들은 3개로 묶여 3개의 시대정신을 말하고, 3개의 시대정신은 결국 '정의'를 말한다. 그러나 질문은 질문일 뿐이다. 우리는 이 책을 통해 '인간은 왜 정의를 기대하는가?'라는 빅 퀘스천에 대한 답을 얻지 못한다. 그 점에서 이 책은 비판의 여지를 남겼다. 답을 주지 않은 작가의 질문은 도대체 무엇을 위한 것이었을까. 사람들이 왜 정의를 기대하는지에 대한 질문은 정의가 부재함에 대한 작가의 개탄이거나 동시에 부재하는 것을 추구하는 아이러니에 대한 폭로가 아닐까. 혹은, 질문만을 던질 수밖에 없는 자신에 대한 자조가 담긴 질문으로 볼 수 있다.
>
> – 융합인재학부 3학년 OOO

이 글은 『빅 퀘스천』이라는 책이 질문만 난무하고 주제가 드러나 있지 않자 필자는 과학자로서 해결할 수 없는 사회현상을 반어적인 질문 항목으로 구성한 것으로 평가하고 있다. 즉 필자가 궁금해 했던 현상의 원인을 과학자의 심리적 요인으로 규정하고 있다는 점에서 이 글은 비평의 성격을 가진다.

셋째, 객관적인 시각을 유지하기 위해서는 자신의 주장에 대한 근거를 제시해야 한다. 이를 통해 자신의 주장을 강화시킬 수 있다. 이때 주장의 근거로 사용될 수 있는 방법에 따라 인상비평, 사회문화 비평, 심리주의 비평, 역사주의 비평, 형식주의 비평, 구조주의 비평 등으로 나눌 수 있다. 다음 글은 여성과 남성이 평등한 의식을 갖게 된 계기를 노래가사를 통해서 살펴보고 있는 비평문이다. 이 글이 어떤 점 때문에 감상문이 아닌 비평문이 되었는지 생각하면서 읽어 보도록 하자.

남자와 '맞짱 뜨는' 남녀공학 세대

A. 적어도 텔레비전의 인기만 놓고 보자면, 1990년대 초중반에 신세대 문화의 변화를 여성 이미지 변화로 연결지어 생각해 볼 수 있는 가수는 박미경 정도일 것이다.

아무것도 필요 없어 네가 나를 떠나려 한다면
나를 사랑했단 말도 모두 연극처럼 느낄 뿐야
마음이 변했다면 이유를 대지 마 오예
내가 싫어진 걸 난 알고 있어 가식적인 말로 나를 위로하려 하지 마
이젠 기대하지 않아 너의 곁엔 다른 얼굴 다른 모습뿐야
다시는 나도 돌아가지 않아 너를 위해 더 이상 난 슬퍼지긴 싫어

박미경, 〈이유 같지 않은 이유〉, 1절 (1994, 김창환 작사, 천성일 작곡)

박미경은 넓은 챙 모자와 긴 생머리, 리본을 휘날리며 가는 목소리로 불렀던 청순가련 여가수들을 일거에 물리치고, 강렬한 가창과 휘날리는 머리카락 속에 이글이글 타는 듯한 에너지를 뿜어내며, 순식간에 대중의 눈과 귀를 사로잡았다. 우리 대중가요사에서 애인에게 이렇게 분노하며 대드는 여성상은 거의 처음 등장하는 것이 아닐까 싶다. 돌아와달라는 요구조차 하지 않는다. 그래봤자 돌아오지 않을 것이며, 그렇게 흔들리는 남자가 돌아온대도 자신의 일생에 도움이 되지 않을 것임을 다 알고 있기 때문일 것이다. 자신 역시 분노가 가라앉는다 할지라도, 다시 그에게 마음을 줄 수 없다고 생각한다.

(중략)

B. 1983년 문교부는 중학교와 고등학교에 남녀공학을 적극 권장하는 정책을 편다. 이미 시대가 바뀌었음을 인정한 것이다. 중등교육에 남녀공학이 거의 없었던 1970년대까지는 남학생과 여학생이 길거리에서 나란히 이야기를 나누며 걸어가기만 해도 처벌 대상이 되었다. 빵집이나 분식집에서 함께 앉아 있는 것은 엄청난 일탈로 여겨졌다. 10대 시절을 이렇게 보낸 세대는, 열아홉 살에 대학에 들어가거나 직장생활을 시작할 때에 남녀가 이야기를 나누는 것조차 서먹하고 불편했다. 그러니 서로의 문화나 심리를 이해하는 것은 훨씬 요원할 수밖에 없었다. 갑자기 터져 나오는 연애감정을 성숙하게 받아들이지 못하고 여성을 신성시하거나 남성을 두려워하는 등의 부자연스러운 태도가 나타나는 일이 비일비재했다.

(중략)

하지만 1980년대에 중고교 시절을 보낸 세대는 달랐다. 같은 반에서 남녀가 함께 공부하고 지내다 보니, 가족 아닌 남녀가 뒤섞여 생활해도 불편해하지 않고 서로를 어느 정도 이해하게 되었다. 그러니 '그런 연극 하지 마' 같은 가사가 나올 수 있는 것이다. 박미경의 후속 히트곡 〈이브의 경고〉에서는 애인인 자신을 놔두고 다른 여자와 사귀면서 변명을 늘어놓는 바람둥이 애인을 향해 '나에게는 더 이상 순애보는 없어 난 그냥 떠나버릴 거야'라고 노래한다. 남자 멱살을 잡고 주먹을 날리거나, 눈물을 딱 한 방울만 흘리고 '쿨하게' 떠나갈 기세다.

– 이영미, 『한국 대중가요 속의 여성』, 대한민국역사 박물관, 2014, 213쪽.

위의 글은 한국 대중가요 속의 여성상의 변천을 시대적으로 살펴 본 글로, 우리에게 익숙한 노래가사를 통해 변천의 이유를 설명하고 있다. A의 글은 노래가사를 충실히 해석하는 데 집중되어 있는 반면 B는 A의 해석에 대한 근거를 사회문화적인 맥락에서 그 원인을 분석하여 제공하고 있다.

A의 글만 보면 주관적인 노래의 해석으로 보일 수 있지만 필자가 B부분의 사회문화적 해석을 부기함으로써 독자가 신세대 문화와 노래 가사의 관계를 이해하도록 돕고 있다. 만약 A글만 존재한다면 이는 '이유 같지 않은 이유'에 관한 주관적인 해석이 녹아 있는 감상문에 불과하다. 그러나 B에서 1980년대의 사회적 분위기에 기인한 노래가사의 변화를 근거로 생각의 타당성을 설득력 있게 전달하고 있기에 비평문이 된다. 이렇게 다양한 시각의 비평을 통해 독자는 보다 풍부한 지식의 습득은 물론이거니와 자신이 속한 사회와 세계를 총합적으로 이해가 가능하게 된다.

비평 글의 유형과 실제

비평은 서평, 문화 비평, 문학 비평, 시사 · 정치 비평, 영화 비평, 역사 비평 등 그 장르가 다양하다. 서평은 단순히 책의 줄거리를 요약하고 감상문을 쓰는 독서 감상문과 다르다. 서평은 저자가 저서에서 논하려는 주제를 중심에 두고 이와 관련된 학문적 논제나 사회적 의미를 살펴보는 것이다. 또 저자가 왜 이 책을 썼는지, 무엇을 말하고 싶었는지, 사회문화적인 맥락과 어떻게 닿아 있는지 전방위적인 측면에서 살펴봐야 한다. 이때 책을 해석하는 필자의 독창적인 시각이 반드시 포함되어야 한다.

다음은 문화 비평과 시사·정치 비평의 글이다. 각각의 글을 읽고 비평의 특징을 살펴보자.

공연이 보여주는 소통의 중요성

A. 문화에서의 소통의 중요성을 가장 잘 표현해 주는 하위문화가 공연이다. 공연자는 왜 공연을 즐기며, 관람자는 왜 관람을 하는 것일까. 이러한 궁금증은 심리학적으로 설명할 수 있다. 사람에게는 누구나 남에게 인정받고 싶은 욕망이 존재한다. 심지어 영아기의 아동들도 이런 모습을 보이는데, 친구가 옳은 행동을 하여 칭찬을 받거나 옳지 못한 행동을 하여 꾸중을 들으면, 친구가 했던 옳은 행동을 따라해 자신도 인정받으려 하거나 옳지 못한 행동은 하지 않으려는 모습을 보인다. 이처럼 공연자들도 자신의 예술적, 정신적 능력을 인정받고 싶은 경향이 있다. 관람자들의 경우는 이와는 조금 다르다. a. 인간의 뇌는 예부터 진화해오면서 전두엽의 발달로 감수성이 풍부해지게 되었는데, 특히 청각에 민감하여 자신이 선호하는 연주나 노래를 들으면 뇌에서 신경전달물질인 세로토닌이나 도파민이 분비되도록 되어 있다. 관람자들은 공연자들의 공연을 보고 들으면서 자연스럽게 쾌감을 느끼고 정서가 안정되는 것이다.

B. 위와 같이 공연자와 관람자는 서로 다른 이유지만 공연을 즐기게 된다. 공연을 진행함에 있어서 공연자-관람자는 서로간의 긴밀한 소통이 발생하게 되고, 후에 관람자가 공연자에게 좋은 공연이었다는 의미로 금전을 주는 행위 등으로 확대되어 '버스킹' 문화가 형성된 것이다. 현대에 이르면서 버스킹 문화는 기술적, 장소적 제약을 극복하면서 라이브 카페나 공연장에서의 공연 등으로 그 문화가 다양해졌다.

C. 소통이 특히 강하게 일어나는 공연 문화로는 클럽이 있다. DJ(공연자)는 유행하는 음악을 통해 관람자들 간에 공감대가 형성되게 하고, 음악들의 하이라이트 부분을 짜깁기하

여 재생하면서 클럽 내에 있는 내내 긴장감을 유도한다. 또 어두운 공간에서의 다채로운 레이저와 몸까지 울리는 강한 음악소리는 관람객에게 시청각적 흥분제 역할을 한다. 2차적으로 클럽이라는 공간은 사람들에게 개방적이고 일탈적인 공간으로 인식되기 때문에 관람객 간의 소통이 비교적 훨씬 더 과감하고 활발하다. 클럽 문화는 과거부터 점점 더 발전해 오고 더 많은 사람들이 즐기고 있는데 그 이유는 획일화되고 정형화된 현대 사회의 구성원들의 일탈을 바라는 마음이 표출되는 것으로 보인다.

D. 이처럼 공연은 소통을 이끌었고, 소통은 문화를 낳았듯이, 소통은 문화에 있어서 중요한 요소임이 분명하다. 공연자들이 개개인의 연습실에서 매번 혼자 공연을 하는 소통 없는 문화란 공연자들의 본능을 충족시켜 주지 않기 때문이다. 또 소통이란 대부분 물리적으로 이루어지기 때문에 비교적 특정한 지역지구에서 활성화되기 쉽다.

* 버스킹: Busking. 지나가는 사람들에게 돈을 얻기 위해 길거리에서 연주와 노래를 하는 행위

– 건축설계 4학년 ○○○

위 글은 '공연이 보여주는 소통의 중요성'에 대한 글이다. A, B, C, D 네 단락으로 구성된 이 글에서는 공연을 감상 후 공연이 소통과 관련이 있다고 주관적으로 글을 써 내려가는 것이 아니라, a에서 공연을 보았을 때 인간의 뇌에서 벌어지는 근거를 가지고 설득력 있게 관람자와 공연의 소통관계를 설명하고 있다. C, D에서는 더욱 심화된 내용을 통해 공연과 소통의 관계를 보여주고 있어 비평문의 성격을 드러내고 있다.

'헬조선'에서 청년으로 살아남기

어디를 가나 선배 세대가 후배들에 대해 불만을 터트리는 경우가 많다. '청년이 서야 나라가 바로 선다'는 말을 상투적으로 읊조리며 요즘 대학생이나 후배들이 너무 보수적이라고 투덜댄다. 청년이라면 자기 자신의 삶에 안주하지 말고 과감하게 사회를 위해 들고일어나 맞부딪쳐야 하지 않느냐는 불만이다. 이들이 보기에 지금 청년들은 체제에 지나치게 순응적이다.

선배 세대가 보기에 주어진 것에 순응하기만 해서는 '생존'과 '성공'은 가능할 수 있을지언정 결코 존엄한 삶은 가능하지 않다. 인간의 존엄이란 권력으로부터의 자유에서 오는 것인데 순응은 스스로의 자유에 대한 포기나 다름없기 때문이다. 존엄은, 거부하고 싸우는 자만이 누릴 수 있는 것이지 순응하는 자의 몫이 아니다. 싸우지 않는 자가 아무리 유능하더라도 그 유능은 비겁함과 다름없으며, 성공한 삶을 살더라도 그것은 비굴한 삶에 지나지 않는다.

물론 대부분의 청년들은 이런 선배들의 비판에 반발한다. 자신들에게는 선택의 여지가 없다는 것이다. 순응하지 않으면 성공은커녕 생존도 할 수 없는데 뭘 저항하라는 것이냐고 항변한다. 선배들이 그렇게 거부하고 저항할 수 있었던 것도 뭔가 주어진 게 있었으니 가능하지 않았냐고 되묻는다. 자신들에게는 주어진 것이 별로 없다고 말한다. 주어진 것에 순응하는 게 아니라 주어진 것이 아예 없다는 얘기다.

무엇이 없는가? 무엇보다 '자리'가 없다. 무엇보다 일'자리'가 없다. 일'자리'가 없다는 것은 우선 생계수단, 자기 삶을 기획할 수 있는 경제적 토대가 없다는 말이다. 일'자리'의 문제는 생계수단을 넘어선다. 자리가, 사람이, 다리를 뻗을 만한 자리가 되려면 이 자리는 사람이 살 만한 공간이어야 한다. 나와 함께 청년들의 과격화 양상에 대해 연구하는 한 청년 연구원은 일'터'의 문제라고 불렀다.

자리가 없다는 것은 단지 경제적 · 정치적으로 '역할'이 주어지지 않는다는 것을 넘어선다. 지금까지 정부는 국가의 역할이 '자리'를 제공하는 것이라고 생각했겠지만 말이다. 그 '자리'들이 모여 있는 곳으로서의 '터'가 어떤가에 대해서는 잘 묻지 않았다. 그 연구원의 말에 따르면 터의 문제는 '조직문화가 어떠하며' '조직이 비전을 가지고 있는가'의 문제다.

'자리'만이 아니라 '터'가 문제가 된다고 했을 때 첫 번째가 조직문화를 말한다. 한국의 조직문화는 무엇보다 관계의 피로도가 너무 높다. 조직 내에서의 관계가 서로의 권한과 책임을 가급적 명확하게 규정하는 방식으로 '합리화'되지 못했다. 대신 '선후배'라거나 같이 일하는 '동료' 관계라는 식이다. 이 관계에서 후배는 선배에게 감정노동을 해야 하는 것을 넘어서 그것을 제대로 수행하지 못할 때 이기적이라거나 '싸가지'가 없다는 등의 도덕적 비난까지 받게 된다. 노동에 대한 평가가 매우 '도덕화'되어 있어서 관계의 피로도가 다른 어떤 사회보다 심하다.

또한 '터'가 '비전'의 문제라고 했을 때 그 자리가 현재의 자리만을 뜻하는 게 아니라는 걸 알 수 있다. 지금 주어진 자리가 앞으로도 계속 내 자리일 수 있는지를 되묻는다. 이 물음에 대부분의 조직은 입을 다문다. 보장할 수 있는 것이 거의 없기 때문이다. 그 자리를 계속 확보하는 것은 조직이 아니라 개인이 풀어야 하는 문제다. 그래서 조금씩 위로 올라갈수록 '희박한' 자리를 위해 피 터지는 경쟁을 해야 하고 이것이 지금 '청년'들에게 우울증 · 망상 · 공황장애와 같은 심각한 정신적 문제를 만들고 있다.

그러므로 터를 바꾸지 않으면서 자리만 제공하는 것으로는 이 위기를 넘어설 수 없다. 역할을 주는 것만으로는 이 사회에 대해 젊은이들이 지닌 혐오와 적대를 해소할 수 없는 것이다. 그러므로 일'자리'가 아니라 일'터'를 문제 삼아야 한다. 그러지 않는다면 문제의 원인이자 해결 단위가 되어야 하는 '사회'는 내버려둔 채 구성원들끼리 사라지고 있는 자리를 두고 서로가 서로를 원망하고 적대하는 지옥을 만들게 될 터이다. 이미 청년들은 이곳을 '헬조선'이라 부르고 있지 않는가?

– 엄기호, 「'헬조선'에서 청년으로 살아남기」, 『시사 In』 413, 2015. 8. 15.

학습활동

앞의 글 〈'헬조선'에서 청년으로 살아남기〉가 비평문인 이유가 무엇인지 근거를 찾아보자. 그리고 영화 비평문이나 정치 비평문 중 하나를 선택하여 써 보기로 하자.

2 보고서

대학은 학문 연구를 목적으로 하는 공적 기관이다. 대학 생활에서 학문 연구의 기초가 되는 보고서 작성은 매우 중요하다. 보고서는 어떤 문제나 사건에 대한 관찰이나 조사, 실험, 연구한 내용을 정리한 글에 해당한다.

보고서의 종류에는 학습보고서나 답사보고서, 조사보고서, 실험보고서, 학술보고서 등이 있다. 우리는 여러 종류의 보고서를 정확하게 작성하는 법을 배울 필요가 있다.

보고서의 개념

보고서report는 어떤 문제에 대해 연구한 내용을 정리한 것이다. 논문이 논리적 일관성을 갖고 일정한 체계와 치밀한 논증 등이 요구되는 독창적인 글이라면, 논문에 준해서 작성하는 학술보고서는 조사 또는 실험한 내용을 정리하고 분석, 요약하는 글의 형태이다. 학술보고서는 학문 연구의 기초가 된다.

보고서의 작성

학술보고서의 작성은 '주제문제의 설정 → 자료 수집 → 개요 작성 → 초고 집필 → 퇴고'의 과정을 거친다.

문제 설정 → 자료 수집 → 개요 작성 → 초고 집필 → 퇴고

① 문제주제 설정 : 문제 설정은 보고서를 작성할 때, 가장 먼저 하는 작업이다. 문제 설정이란 '무엇에 대해 쓸 것인가'를 정하는 것이다. 이 과정에서 '무엇'에 관한 것인지를 명확하게 밝혀주어야 한다. '무엇'이 명확하게 제시되지 않을 경우, 보고서의 주장이 흐려진다.

② 자료 수집 : 자료 수집은 문헌을 통한 자료 수집이나 설문을 통한 자료 수집, 측정이나 실험을 통한 자료 수집, 답사나 면접을 통한 자료 수집 등의 여러 가지 방법이 있다. 이 과정에서 충분한 자료 수집이 필요하다. 학술보고서를 작성할 때 자료 수집은 객관성을 확보하기 위한 것이다.

③ 개요 작성 : 개요 작성은 보고서를 본격적으로 작성하기 위한 마지막 단계이다. 주제문제를 해결하기 위한 보고서의 구성이나 수집된 자료의 선택, 근거와 주장 등을 완전한 형태의

간결한 문장으로 정리한다.

④ 초고 집필 : 초고 집필은 작성된 개요에 근거하여 보고서를 작성하는 과정이다. 자료의 정확성과 신뢰도를 확보해야 하며, 인용과 주장을 명확히 구분해야 하며, 정확한 주석 작업도 필요하다.

⑤ 퇴고 : 보고서를 작성할 때는 철저한 퇴고 작업을 거쳐야 한다. 보고서에 사용된 개념과 용어의 쓰임새나 정확한 표현과 바른 문장, 문단의 적절한 구성, 정확한 근거에 의한 타당한 주장, 주석과 참고 문헌 등을 세밀하게 검토해야 한다. 여러 번의 퇴고 작업은 보고서의 완성도를 높여준다.

⑥ 참고 : 학술보고서를 작성할 때 표현상의 유의점은 다음과 같다. ㉠ 보고서의 서술어는 '-합니다. -입니다.'와 같은 존대체 어미를 쓰지 않고, '-하다, -이다'와 같은 평어체 어미를 쓴다. ㉡ 특정인 지칭인 '-님, 선생님, 교수님'과 같은 표현은 쓰지 않는다. ㉢ 1인칭 대명사 '나'를 쓰지 않고, '필자, 연구자' 등을 쓴다. ㉣ '대단한, 퍽, 아리송하다, 슬프다, 안타깝다, 기쁘다' 등의 애매한 표현이나 감상적 표현은 쓰지 않는다.

보고서의 체제와 형식

학술보고서의 체제는 '표지 → 목차 → 본문(서론-본론-결론) → 참고 문헌자료' 순으로 구성된다. 학술보고서는 표지와 목차를 작성한 후, 필자만의 명확한 문제의식을 갖고 3단 구성(서론-본론-결론)의 형식으로 기술된다. 또한 인용과 주장을 명확하게 구분해야 하며, 정확한 각주와 참고 문헌을 작성해야 한다.

표지

표지에는 '제목, 수강과목, 담당교수, 소속학과, 학번, 제출자, 제출일' 등을 정확하게 기재한다. 참고로 불필요한 사항 및 화려한 장식은 삼가는 것이 좋다.

〈표지 분리형〉

헤겔 역사철학의 근본 문제

수강과목 :
담당교수 :
소속학과 :
학　　번 :
제 출 자 :
제 출 일 :

〈표지 일체형〉

수강과목 :
담당교수 :
소속학과 :
학　　번 :
제 출 자 :
제 출 일 :

헤겔 역사철학의 근본 문제

〈차례〉

1. 서론
2. 헤겔 역사철학의 문제
……
5. 결론
참고 문헌

1. 서론

헤겔의 역사철학의 근본문제는 ……

목차

목차차례는 보고서 내용의 순서를 알려 주는 부분이며, 보고서 전체에 대한 이해를 돕는 역할을 한다.

이광수 『무정』의 인물과 시대인식 고찰

한○○

〈차례〉

1. 서론

춘원 이광수의 『무정』은 한국문학사에서 독보적인 위치를 차지하는 장편소설이다. ……

2. 『무정』의 인물 분석

이광수 『무정』의 첫 문단은 경성학교 영어 교사 이형식이 김선형의 집으로 가는 장면에서 시작된다.

……

5. 결론

이 글은 이광수의 장편소설 『무정』에 나타난 인물과 사건, 시대인식을 고찰했다. ……

참고 문헌

1. 논문

이광호, 「이광수 소설의 '시선 주체'와 문학사적 의미」, 『한국문예창작』 25, 2012. 8.

……

2. 단행본

박헌호 편, 『센티멘탈 이광수』, 소명출판, 2013.

……

본문

본문은 3단 구성(서론 + 본론 + 결론)으로 이루어진다. 서론은 전체 보고서의 15～20% 정도가 적당하며, 본론의 분량은 70% 내외로 작성하면 좋고, 결론은 서론과 비슷하거나 약간 적게 기술하는 것이 적절하다.

(1) 서론

서론은 보고서 전체를 안내하는 단계이다. ⓐ 서론에는 보고서의 목적, 문제 제기, 연구의 방법 등을 제시한다. 연구 문제를 제시할 때에는 지나치게 상세한 내용을 설명하기보다는 일반적인 소개를 하는 것이 좋다. 또한 ⓑ 보고서의 주제와 관련된 과거의 연구를 간략하게 제시한다. ⓒ 특수한 용어를 설명하거나 기본 자료를 제시하고 수집 방법을 밝힌다. 마지막으로 ⓓ 서론은 간략하고 명확하게 기술하는 것이 바람직하다.

(2) 본론

본론은 서론에서 제기된 문제를 논증함으로써 보고서의 목적을 달성하는 과정을 보여주는 단계이다. ⓐ 본론에는 서론에서 밝힌 연구의 방법에 따라 수집된 자료의 정확성과 신뢰성을 확인해야 한다. ⓑ 이렇게 확인된 자료를 분석하여 체계적인 기준에 따라 정리해야 한다. ⓒ 분석되고 정리된 자료를 근거로 삼아 객관적 주장에 도달함으로써 서론에서 제기된 문제에 대한 해답을 제시해야 한다. 마지막으로 ⓓ 자신의 주장과 다른 사람의 의견을 구분해서 제시해야 한다. 즉, 적절한 인용이 필요하다.

(3) 결론

결론은 보고서 전체를 마무리하는 단계이다. ⓐ 결론에는 본론에서 전개한 논의를 요약하고, 필자의 주장을 최종적으로 확인하고 종합해야 한다. ⓑ 이와 함께 가능한 한 자신의 보고서에서 해명하지 못한 문제들을 밝혀 두는 한편, 새로운 연구 방향을 제시해 주기도 한다.

참고 문헌

참고 문헌란은 본문에서 인용한 자료나 보고서를 작성하는 과정에서 참조한 자료를 일목요연하게 정리하여 제시하는 부분이다. 참고 문헌란은 기본 자료와 논문, 단행본 등으로 구분하거나 국내 문헌과 국외 문헌으로 구분하여 정리한다. 참고 문헌란을 작성할 때에는 정확하게 정리할 필요가 있는데, 참고 문헌란을 통해 보고서의 질적 수준을 간접적으로 가늠하는 경우도 있다. 하지만 필자가 자신의 독서 범위를 과장하기 위해 전혀 보지 않은 자료들까지 고의적으로 적어서는 안 된다.

참고 문헌

1. 국내 문헌

김윤식, 『이광수와 그의 시대』, 한길사, 1986.

서영채, 「이광수, 근대성의 윤리」, 『한국근대문학연구』 19, 2009. 4.

……

2. 국외 문헌

Hughes, T., 나병철 역, 『냉전시대 한국의 문학과 영화』, 소명출판, 2013.

Wellek, R., Warren, A., *Theory of Literature*, New York: Hartcourt, Brace & World, 1949.

……

인용과 주석

학술보고서를 작성할 때에는 자신의 독창적인 주장과 인용한 부분을 명확히 구분해서 밝혀야 한다.

인용의 방법은 직접 인용과 간접 인용으로 나눈다. 보고서를 작성할 때 원문의 표현을 그대로 옮겨야 할 경우 직접 인용을 한다. 단어나 핵심어구, 3행 이내의 짧은 문장을 인용할 때에는 본문 안에서 큰 따옴표(“ ”)를 사용하여 표시해 준다. 그 이상의 글을 길게 인용할 때에는 새로운 단락을 만들어 위아래로 한 행을 띄고, 본문보다 안으로 들여 쓴다. 직접 인용의 경우에는 주석을 달아 출전을 정확하게 밝힌다. 간접 인용은 필자의 용어로 바꾸어 인용하는 방법인데, 원문의 본래 의미가 훼손되지 않도록 주의해야 한다. 간접 인용도 주석을 달아 출처를 명확하게 밝힌다.

주석은 다른 필자의 글을 인용하거나 혹은 그 글에서 필요한 정보를 얻게 되었을 경우, 인용문이나 정보의 출처를 밝히기 위한 것이다. 또한 본문의 내용을 보충하거나 부연 설명을 제시하고자 할 때에도 주석을 달 수 있다. 주석을 다는 상세한 방법은 Ⅲ-3 '학술논문'을 참조하기 바란다.

보고서 작성의 윤리

학술보고서를 작성할 때 지켜야 할 원칙은 ① 다른 필자의 글에서 생각이나 용어, 단어, 문장 등을 도움을 받았을 때에는 그 출처를 밝혀야 하며, ② 다른 필자의 글의 단어나 문장, 문단 등을 사용할 때에도 그것들을 정확하게 인용하고 출처도 제시해야 하며, ③ 다른 필자의 단어나 문장을 바꿔 인용할 때에도 반드시 출처를 밝혀야 한다. 또한 학술보고서에서는 ④ 다른 필자의 글을 본인의 글처럼 사용해서도 안 되며, ⑤ 동일한 보고서를 서로 다른 강좌에 제출해서도 안 된다. 끝으로 ⑥ 보고서는 사지도 말고, 팔지도 말아야 한다. 반드시 보고서는 본인 스스로 작성해야 한다. 이를 지키지 않을 경우에는 비윤리적 행위인 표절이 된다.

학습활동

학술보고서를 작성한다고 가정한 후, 다음의 '주제 정하기 → 자료 수집 → 개요 작성 → 표지 → 서론 → 본론 → 결론 → 참고 문헌' 등의 내용을 기술해 보자.

학술보고서를 작성한다고 가정하여, 보고서 제목을 정하고, 다음 순서대로 그 이유를 기술한다. 그리고 선정한 주제의 문제점이 없는가를 점검해 본다.

제목 :

① 주제를 찾기 위해서는 여러 분야 중에서 자신의 특정한 관심사를 찾는다.
이유 :

② 관심사 중에서 연구 주제로서 가능성이 있는 것을 찾는다.
이유 :

③ 선택한 주제에 대해 여러 가지 시각에서 질문을 한다.
이유 :

④ 자신이 선택한 주제의 의의와 가치를 인식한다.
이유 :

⑤ 나의 보고서 주제는 문제점이 없는가?
문제점 :

학술보고서를 작성한다고 가정한 후, 다음과 같이 수집한 자료를 정리해 보자.

중요도	저자	자료제목	출전	연월	소재지	복사

학술보고서를 작성한다고 가정한 후, 다음과 같이 개요를 작성해 보자.

제목 : ____

학술보고서를 작성한다고 가정한 후, 다음과 같이 표지를 작성해 보자.

보 고 서

제목 : ______________________________

수강과목 :
담당교수 :
소속학과 :
학　　번 :
제 출 자 :
제 출 일 :

학술보고서를 작성한다고 가정한 후, 다음과 같이 차례와 서론을 작성해 보자.

제목 : ______________________________

– 한○○

차례

1. 서론

……

1. 서론

(1) 연구 목적

(2) 연구 방법

학술보고서를 작성한다고 가정한 후, 다음과 같이 본론을 작성해 보자.

2.

학술보고서를 작성한다고 가정한 후, 다음과 같이 결론을 작성해 보자.

3. 결론

(1) 연구 결과 요약

(2) 남은 문제 제시

학술보고서를 작성한다고 가정한 후, 다음과 같이 참고 문헌란을 작성해 보자.

참고 문헌

1. 국내 문헌

2. 국외 문헌

3 학술논문

대학은 학문공동체이다. 학문은 일반논문이나 학위논문 등을 통해서 이루어진다.

일반논문

학위논문

우리는 학술지에 발표하는 일반논문소논문과 졸업을 위한 학위논문(학사논문, 석사논문, 박사논문) 등의 작성법을 정확하게 학습할 필요가 있다.

논문의 개념

보고서는 조사 또는 실험한 내용을 정리하고 분석, 요약하는 글의 형태인데 반해, 논문은 논리적 일관성을 갖고 일정한 체계, 치밀한 논증 등이 요구되는 독창적인 글이다. 논문은 ① 체계성, ② 정확성, ③ 객관성, ④ 독창성 등의 요건을 갖추어야 한다.

논문의 체계성

논문은 체계적 형식을 갖추어야 한다. 즉, 이는 하나의 주제를 해결하기 위한 논지 전개가 일정한 체계를 갖추어야 한다는 말이다. 논점이 명확하지 않으면 산만한 논문이 되기 십상이다. 이런 논문은 잡다한 자료 나열에 불과한 글이 되기 쉽다.

논문의 정확성

논문은 정확하게 작성해야 한다. 논문은 객관적이고 타당한 근거를 제시하여 주장을 증명해야 한다. 즉, 연구자는 주장의 근거를 정확하게 제시해야 한다. 또한 신뢰성이 떨어지거나 의심이 되는 근거는 채택해서는 안 된다. 특히 실험, 현장조사, 통계 등을 기초로 한 논문은 정확성이 핵심이다.

논문의 객관성

논문은 객관적인 태도를 유지해야 한다. 연구자는 자신의 주관적 생각으로 자료를 분석하거나 해석해서는 안 된다. 즉, 연구자는 자기의 주장과 다르다고 해서 다른 필자의 연구를 편견이나 선입관을 가지고 다루어서는 안 되다. 또한 연구자는 자신의 주장만을 고집하지 말아야 하며, 주관적이거나 극단적인 표현을 피해야 한다.

논문의 독창성

논문은 독창적이어야 한다. 논문은 지금까지 연구되지 않은 새로운 내용을 담고 있어야 한다. 독창적인 논문을 작성하기 위해서는 새로운 주제를 선택하거나, 혹은 새로운 자료나 사실을 발견하거나, 새로운 연구 방법론을 찾는 노력이 필요하다. 논문이 갖추어야 할 가장 중요한 요건이 독창성이다.

그런 반면 다음과 같은 글, 즉 ① 여러 가지의 논문이나 책을 요약한 글, ② 다른 연구자의 견해를 아무 평가 없이 그대로 옮겨 적은 글, ③ 논거가 없거나 연구자의 불충분한 개인적 견해나 주장만을 기술한 글, ④ 다른 연구자의 논문 내용을 출처 없이 이용한 글 등은 논문이라고 할 수 없다.

논문의 형식과 작성법

학술논문의 체계

(1) 일반 논문

제목 - 이름 - 목차 - (국문)초록 - 서론 - 본론 - 결론 - 참고 문헌 - (영문)초록

(2) 학위 논문

표지 - 인준지 - 목차 - (국문)초록 - 서론 - 본론 - 결론 - 참고 문헌 - (영문)초록 - (별첨 자료 및 색인)

주제(연구 대상)의 선정

주제는 연구자의 관점에서 말하고자 하는 중심 생각이다. 좋은 주제는 ① 창조성, ② 검증 가능성, ③ 학술적 가치 등을 갖추어야 한다. 즉, 좋은 주제란 새로운 것이어야 하며, 연구자가 논증할 수 있는 것이어야 하고, 학술적 가치가 있는 것이어야 한다. 주제를 정한다는 것은 무엇을 연구할 것인지를 정한다는 것과 같다. 주제 선정은 먼저 ① 여러 분야 중에서 자신의 특정한 관심사를 찾고, ② 관심사 중에서 연구 주제로서 가능성이 있는 것을 찾은 다음, ③ 선택한 주제에 대해 여러 가지 시각에서 질문을 해 보며, ④ 연구자가 선택한 주제의 의의나 가치를 인식하는 과정을 거친다.

연습

졸업을 위한 학위논문을 쓴다고 가정하여 논문 제목을 정하고, 다음 순서대로 그 이유를 기술한다. 그리고 선정한 주제의 문제점이 없는가를 점검해 본다.

제목 : ______________________________

① 주제를 찾기 위해서는 여러 분야 중에서 자신의 특정한 관심사를 찾는다.

→ 이유 :

② 관심사 중에서 연구 주제로서 가능성이 있는 것을 찾는다.

→ 이유 :

③ 선택한 주제에 대해 여러 가지 시각에서 질문을 한다.

→ 이유 :

④ 자신이 선택한 주제의 의의와 가치를 인식한다.

→ 이유 :

⑤ 나의 논문 주제는 문제점이 없는가?

→ 문제점 :

자료 수집 및 정리

자료 수집

논문 작성을 위해서는 자료 수집은 필수적이다. 자료 수집의 방법은 연구자가 쓸 주제와 유사한 주제로 가장 최근에 작성한 박사학위를 찾고, 박사논문에 수록된 참고 문헌란을 검토하는 것이다. 또 다른 자료 수집의 방법은 국립중앙도서관, 국회도서관, 한국학술정보kiss, 학술연구정보서비스riss 등의 인터넷 학술논문 사이트를 활용하는 것이다.

① 국립중앙도서관 http://www.nl.go.kr/
② 국회도서관 http://www.nanet.go.kr/
③ 한국학술정보kiss http://kiss.kstudy.com/
④ 학술연구정보서비스riss http://www.riss.kr/

자료 정리

학위논문의 참고 문헌란이나 인터넷 학술논문 사이트를 활용하여 수집한 자료들의 제목 및 목차, 초록 등을 검토한 후 연구자의 주제와 관련된 자료를 선택한다. 그 후 선택한 자료의 목록을 작성하고 내용을 간략히 정리한다. 그래야 나중에 논문에 참조하거나 인용할 수 있고, 참고 문헌란을 작성할 때에도 유용하게 활용할 수 있다.

RISS
RISS 통합검색
해외DB통합검색
내서재
오픈랩
MyRISS
RISS 통합검색
VOGUE
2015
신규해외DB서비스 오픈
Service Quick Link
공지사항
LION
VOGUE
KOCW
KERIC
RISS
EDSS
LOOK!
KERIS

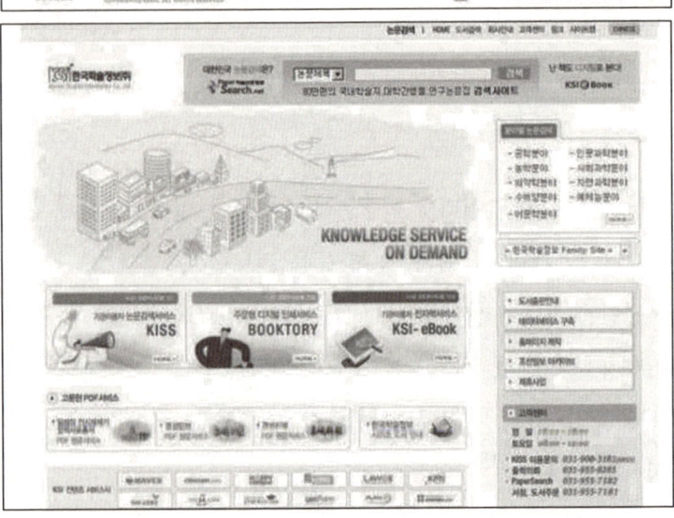
KNOWLEDGE SERVICE
ON DEMAND
KISS
BOOKTORY
KSI- eBook

① 단행본 : 저자명, 서명, 발행지, 발행처, 발행 연도
② 일반논문 : 저자명, 논문 제목, 학술지명, 권호수, 발행 연도, 쪽수
③ 학위논문 : 저자명, 논문 제목, 학위수여기관, 학위 종류, 발행 연도
④ 연구보고서 : 보고자, 보고서 제목, 보고 연도, 보고서 번호
⑤ 전자문헌 : 전자주소, 접속일자, 프로젝트나 데이터베이스의 제목, 편집자명, 갱신일자, 후원업체나 기관, 사이트를 만든 사람 이름

논문을 작성할 때에는 참고 자료를 다음과 같이 정리하는 것이 좋다. ① 저자필자명, ② 자료의 제목, ③ 자료의 종류 : 1차 자료, 2차 자료 / 연구사, 연구 방법 등, ④ 자료 소재 : 국회도서관, 국립중앙도서관, ○○대학교 도서관 등, ⑤ 원문 DB 여부, ⑥ 자료의 중요도 : A, B, C, D 또는 1, 2, 3, 4 등으로 표시한다.

중요도	종류	저자	제목	출전	출판연월	소재지	원문	확인	복사	파일
A	1차	이광수	무정	신문관	1918	한국현대문학관	○	○	○	×

연습

졸업을 위한 학위논문을 쓴다고 가정하여 필요한 자료를 다음과 같이 정리해 보자.

(국립중앙도서관과 국회도서관 등의 도서관을 방문하여 학위논문 작성에 필요한 자료를 수집해 보자.)

중요도	저자	자료제목	출전	연월	소재지	복사

개요 작성

개요 작성이란 논문의 틀을 설정하고 그에 따라 연구자의 주장을 논문으로 쓰기 위한 구체적인 설계도를 만드는 것이다.

논지	권력은 부패하기 쉽다.	
서론	Ⅰ. 서론	1. 연구 목적
		2. 연구 방법
본론	Ⅱ. 권력과 권력자의 관계	1. 권력은 권력자들을 부패시킨다.
		(1) 근거세시 + 수상하기
		(2) 근거제시 + 주장하기
		(3) 주장 재강조
	Ⅲ. 권력과 비권력자의 관계	2. 권력은 비권력자들을 부패시킨다.
		(1) 근거제시 + 주장하기
		(2) 근거제시 + 주장하기
		(3) 주장 재강조
	Ⅳ. 권력자와 비권력자의 관계	3. 권력은 권력자와 비권력자 사이의 모든 관계를 부패시킨다.
		(1) 근거제시 + 주장하기
		(2) 근거제시 + 주장하기
		(3) 주장 재강조
결론	Ⅴ. 결론	1. 논의 요약(+ 주장 강조)
		2. 연구 방향(+ 전망 제시)

개요 작성은 다음과 같이 진행된다. ① 연구자의 아이디어를 생각나는 대로 간략하게 완전한 문장으로 적어 본다. ② 포괄적인 것은 세분화하고, 공통된 것이나 유사한 것은 통합하고, 보충해야 할 것은 추가하며, 중요하지 않거나 불필요한 것은 삭제한다. ③ 정리된 문장들을 몇 가지 범주로 분류하고 체계를 세워 배열한다. ④ 각각의 범주에 간결하고 적절한 제목을 붙인다. 잘 정리된 개요는 글의 방향을 명확하게 제시해 주기에 논지가 흐려지는 것을 막아주고, 논문의 일관성과 통일성을 부여해 준다.

집필

학위논문의 체재

서두	본문	참고 자료
표제지(논제 표시) 인준란 서문 및 사사(필요시) 목차 (국문)초록 표 목록(필요시) 그림 목록(필요시)	서론 본론 결론	참고 문헌 (영문)초록 부록(필요시) 색인(필요시)

학위논문의 예시

박사학위 청구논문
지도교수 ● ● ●

노천명 시에 나타난
장소성 연구
A Study on the Placeness
of Noh Cheon-myeong's Poetry

2011년 2월

건국대학교 대학원
국어국문학과
김 ● ●

노천명 시에 나타난
장소성 연구
A Study on the Placeness
of Noh Cheon-myeong's Poetry

이 논문을 문학 박사 청구논문으로 제출합니다

2011년 2월

건국대학교 대학원
국어국문학과
김 ● ●

김●●의 문학 박사학위 청구논문을 인준함

심사위원장 ____________ (인)

심 사 위 원 ____________ (인)

심 사 위 원 ____________ (인)

심 사 위 원 ____________ (인)

심 사 위 원 ____________ (인)

2010년 12월

건국대학교 대학원

목 차

국문초록

노천명 시에 나타난 장소성 연구

본 연구의 목적은 노천명 시에 나타난 장소성을 분석하는 것이다. 이를 통해 노천명 시인이 체험한 현장, 장소에 대한 의식이 시 속에서 어떻게 구현되고 있는지를 살피고자 한다.

모든 살아있는 존재는 저마다 장소를 경험하며 산다. 인간이 겪는 최초의 장소는 집이다. 그 집을 중심으로 고향 마을과 지방, 국가가 펼쳐진다. 그런 크고 작은 장소들은 각각을 둘러싼 자연 경관과 어우러져 있다. 장소는 인간의 삶의 '터', '마음 붙일 곳'이자 타자와의 관계가 형성되는 곳이다. 장소감(sense of place)이란 경험주체가 미지의 공간을 친밀한 장소로 인식하면서 갖는 느낌 또는 의식이다. 아울러 장소애(topophilia)란 인간과 장소 또는 배경 사이의 정서적 결합을 의미한다. 진정한 장소감은 무엇보다도 내부에 있다는 느낌이다. 즉 개인으로서 그리고 공동체의 일원으로서 '나의' 장소 속에 있다는 느낌이다. 곧 장소는 존재가 세계의 중심에 서기 위한 안전지대이다. 그러나 이러한 안전지대가 타의나 그 어떤 것에 의해 파괴되거나 자신의 뿌리인 그 곳을 떠날 수밖에 없는 필연적인 상황에 맞닥뜨릴 때, 그로 인해 더 이상 심리적 위안을 받을 수 없다면 이는 곧 장소 상실로 이어질 수밖에 없다. 이 장소 상실은 무장소성과 연관된다. 무장소성은 의미 있는 장소를 획득하지 못할 때 장소에 대해 갖는 하나의 태도이다. 장소를 둘러싸고 구성되는 장소성(placeness)은 장소에 대한 깊은 소속감 또는 일체감으로서 의식적·의도적이지 않은 존재적 내부성을 갖는 것과 연결된다.

1930년대는 일제의 정신적 · 육체적 핍박이 최절정에 달했던 식민지 시기이자 일제의 근대화가 뿌리를 내리던 시기다. 당시 노천명은 '존재적 내부성'

I. 서 론

1. 문제 제기

노천명은 일제 식민지로부터 6.25 한국 전쟁의 혼란과 격동의 시대를 산 여성 시인이다. 두 차례의 커다란 국가적 · 민족적 위기를 겪으면서 자신의 시세계를 굳혀 나가기란 그리 쉬운 일이 아니었을 것이다. '여류'[1] 작가인 노천명은 1930년대 대표적인 '고독의 시인', '눈물의 시인', '향수의 시인'으로 일컬어진다. 이화여전 시절부터 문예활동을 시작한 그는 1932년 6월 《신동아》에 <밤의 찬미> · <단상>을, 1935년 『시원』 창간호에 시 <내 청춘의 배는>을 발표하면서 본격적인 문단활동에 들어선다. 당시 의욕적 창작활동이 여의치 않던 시대상황[2] 속에서 네 권의 시집[3]을 낼 만큼 다작을 한 시인이다.

노천명의 시는 전기적 연구를 비롯해 향수와 고독의 정서, 여성의식, 친일시, 절제의 미학 등 다양한 분야에서 연구되어 왔다. 본 연구는 노천명이 지속적으로 향수 · 고독 · 자의식을 노래했다는 점에 착안하여 그 정서적 근원을 한 시인의 장소 인식이 갖는 구체성과 개별성에 주목하고자 한다. 문학 작품은 특정한 장소에 대한 이미지를 형성하는 데 결정적인 요소가 된다. 역으로 그러한 문학지리학[4]이 작품 해석에 이론적 배경을 제공한다고 가정

1) 백철,『조선신문학사조사』, 수선사, 1947. 1930년대는 여성의 문단진출이 본격화된다. 그러나 이들은 남성작가들 사이에서 '여류문사'의 진정성과 호칭에 대한 시비론으로 이어진다. 백철은 '여류 작가'를 두 가지 이유, 하나는 남녀 작가를 구분해서는 안되지만 당시까지의 문단 상식을 존중하는 의미에서, 또 하나는 조선이라는 사회에서 여성은 남성에 비해 전근대적 가족제도의 제약을 더 많이 받는 '특수 조건'의 '특수 작가군'으로 본다. 이후 언급되는 '여류'는 '특수 작가군'이라는 백철의 의견에 동의하고 근대 여성문학의 출발로서의 '여류'에 의미를 두고자 한다.

2) 이어령,『한국작가전기연구』상, 동화출판사, 1975, p.145 '이 시대에 있어서 작가는 현실적으로 어떤 민족적인 일을 할 수 없었고, 남은 희망과 기대는 오직 문화·예술 방면으로 집중될 수 밖에 없었다. 그러므로 이때 다수의 시집이 출판되었는데, 1936년부터 1941년까지 50여권의 시집이 간행되었다.'. 그렇다면 노천명의『산호림』시집(1939)이 이 무렵 출판된 것은 어쩌면 자연스러운 일이기도 하다.

3)『산호림』(1938),『창변』(1945),『노천명시집』(1947),『현대시인선집』(1949),『현대시집』(1950),『별을 쳐다보며』(1953),『사슴의 노래』(1958) 시선집까지 합하면 여러 권이나 반복되어 실어놓은 시가 많다.

4) 이은숙, "지리학과 문학의 만남",『문학지리·한국인의 심상공간·중』, 논형, 2005, p.25 '1970년대 후반 여러 방법론 중 지리학적 현상으로서 문학 작품을 연구하는 문학 지리

II. 노천명의 장소 체험

문학은 특정 장소나 땅 위에서 이뤄지는 삶과 그로 말미암은 마음의 작용을 다룬다는 점에서 지리학과 근접해 있다. 즉 문학에서 장소 경험, 또는 장소 상상력은 본질적이다. 문학은 특정 장소나 지역에 대한 체험이나 이미지, 공공의 장소감이나 그것에 대한 통·공시적 감각을 담아낼 뿐 아니라 새로운 뜻을 덧붙인다. 따라서 장소와 공간에 대한 감수성이야말로 문학 창작이나 연구에 필수 영역119)이라 할 만하다. 문학지리학에서는 문학 작품 속에 구체적으로 표명되는 지리적 공간에 대한 인간의 경험과 의식을 통해 장소와 지각의 관련성을 검토한다. 역으로 문학에서는 문학지리학을 이론적 배경으로 하여 문학 작품에 대한 새롭고 심층적으로 이해를 도모할 수 있다120).

1. 지상의 피안, 집

1) '최초의 세계'

공간과 장소는 살아있는 세계의 기본 요소들이다.121) 인간은 지속적으로 새로운 곳(공간)을 장소화하며 살아간다. 그러는 동안 묵은 곳이 없어지기도 하고 새로운 곳(장소)이 만들어지기도 한다. 이는 장소경험의 양상, 그리고 장소

119) 박태일, 앞의 책, p.242 '박태일은 이은숙의 [<문학지리학 서설>.『문학역사지리』4호, 문화역사지리학회, 1992.]을 적극 수용하면서 문학지리학의 의의를 근대시편을 통해 분석해내고 있다. 이은숙에 의하면, '문학지리학'은 문학과 지리학 사이의 연관을 따지는 것으로서 크게 두 가지 방법을 제시하고 있다. 하나는 경관이나 장소에 대한 해설로서 객관적 이용방법, 또 하나는 지리학 현상으로서 문학작품을 바라보는 방법으로 주관적 이용의 경우이다. 다시 말해 전자는 문학작품을 지리학적 현상을 기술하고 설명하는 자료로 삼는다거나, 지역 복원의 자료로 이용하는 일, 또는 작품을 현장 지리교육의 도구로 이끌어 쓰는 일들이 문학에 대한 객관적 이용이다. 후자는 특정한 환경이나 경관에 대한 체험이나 이미지를 작품을 벌어 밝히거나, 특정 장소의 장소감에 대한 통·공시적 해명, 장소가 의미를 띄게 되는 과정을 따지는 일들은 주관적 이용에 든다. 박태일은 근대시에서의 장소 상상력을 일본제국주의의 공간침탈과 나날살이의 식민화에 따른 장소 지배와 예속, 그리고 그와 맞물린 힘겨운 대거리라는 문제를 축에 놓고 분석하고 있다. 즉 단순한 시의 배경이 아닌 공간적 실천이라는 측면을 부각시켜 친밀한 장소, 삶의 중심 영역과 잃어버린 당시 시인들의 삶의 터전을 문학에 접목시키고 있다.'

120) 이혜원, 앞의 책, p.125

121) 이-푸투안, 앞의 책, p.120

- 26 -

V. 결 론

공간과 장소는 인간의 의식이요, 삶의 현장이다. 그것은 인간이 삶을 영위토록 해주는 행위와 인식의 집합소다. 작가가 작품 속에 형상화한 삶의 터전은 새로운 인식의 장이며, 지향의 터전이다.

노천명은 1932년 <밤의 讚美>를 발표한 이래 생을 다할 때까지 식민지 시대와 분단 시대를 산 '여류' 시인이다. 그런 시대적 불안은 시인으로 하여금 더욱 강렬한 장소에 대한 집착을 갖게 한다. 원래 한 장소에 '뿌리를 내린다'는 것은 세상을 내다보는 안전지대를 소유하는 것으로, "마음 둘 곳"에 대한 정신적·심리적 애착을 지니게 됨을 의미한다. 따라서 장소는 삶에 대한 인간의 의도와 목적이 모두 집중되는 특별하고 구체적인 장이다. 노천명은 그런 장소에 애착을 가진 대표적인 시인이다.

2장에서 먼저 노천명의 삶의 현장이자 체험현장을 살펴보았다. 그리고 그 각각에서 느끼고 있는 노천명의 추이를 따라가며 그가 그 현장에서 느꼈던 것이 무엇인가를 감지하고자 하였다.

3장에서는 2장을 바탕으로 시 속에 나타난 장소성을 분석하였다. 그것은 집, 객처(타향), 고향이다. 의미 있는 장소로 집과 고향을 설정하고 진정한 장소감과 장소상실감을 살펴보았다. 의미 없는 장소, 곧 비진정한 장소로는 객처인 도시와 감옥으로 보고 그 곳에 대한 장소감과 무장소성을 분석하고자 했다.

집은 인간이 태어나 가장 먼저 존재의 뿌리를 내리는 곳은 바로 집이다. '뿌리'인 집이라는 장소를 잃는 것은 삶의 기반을 잃는 것이자, 존재의 의미를 박탈당하는 것과 같다. 따라서 '뿌리'에의 욕망은 '좀 더 나은' 곳에 대한 자유와 안전에의 욕망이거나 그 이상이라 할 수 있다. 그리고 어떤 장소에 뿌리를 내리는 것은 '영혼의 다른 욕망들'을 충족시키기 위해 필요한 전제조건372)이다. 그것이 작가라고 해서 예외는 아니다.

노천명의 문학은 사실 '집'이라는 장소로 수렴된다. 타향(서울)살이의 고단함에서 찾게 된 고향의 집이나, 신여성의 허영에서 비롯된 문화 주택, "피아노 소리에 둘러싸여 있던" 집, 그의 고독을 가장 잘 다스리며 살아갈 수 있는 집 등에 대한 집착은 수필 및 시를 통해서도 알 수 있었듯이 노천명의

372) 에드워드 렐프,『장소와 장소상실』, p.94

- 189 -

참 고 문 헌

<기본 자료>

『노천명 전집 1 사슴』, 솔, 1996.

『노천명 전집 2 나비』, 솔, 1996.

노천명, 『산호림』, 한성주식회사, 1938.

----, 『창변(窓邊)』, 매일신보출판부, 1945.

----, 『별을 쳐다보며』, 희망출판사, 1953.

백남홍·이대의, 『노천명집』 현대시인전집2, 동지사, 1949.

<단행본>

김병익, 『한국문단사』, 일지사, 1972.

김삼주, 『노천명』, 문학세계사, 1997.

김시준 역, 『루쉰 소설전집』, 서울대학교 출판부, 2000.

김영덕, 『한국여성사 II』, 이화여대출판부, 1972.

김영철, 『현대시론』, 건대출판부, 1993.

김용직, 『한국현대시사』 2, 한국문연, 1996.

김우정·김주연·김현, 『한국여류문학전집』·6, 한국여류문학인협회, 삼성, 1967.

김윤식, 『한국현대시론비판』, 일지사, 1981.

김윤식, 『한국근대문학사상비판』, 일지사, 1978.

김은정, 『현대시의 해석과 거리론』, 이화문화사, 2000.

김용환 외 8인, 『한국 민속대사전』 2, 민족문화사, 1991.

김재홍, 『한국 현대시인 연구』, 일지사, 1986.

----, 『한국현대시 시어사전』, 1997.

김지향, 『한국현대 여성시인연구』, 형설, 1989.

김해성, 『한국현대시인론』, 진명문화사, 1973.

----, 『한국현대여[illegible]시사』, 대광, 1996.

김현승, 『孤獨과 詩』, 지식산업사, 1977.

김현자, 『현대시의 서정과 수사』, 민음사, 2009. 5.

김준오, 『문학사와 장르』, 문학과 지성사, 2000.

모윤숙, "회상의 창가에서", 『모윤숙전집 6』, 지소림, 1978.

문덕수 외, 『한국현대시인연구』 상, 푸른사상, 2000.

- 197 -

ABSTRACT

A Study on the Placeness of Noh Cheon-myeong's Poetry

Kim, ● ●
Korean Language and Literature
Graduate School of Konkuk University

The purpose of this study is to analyze the placeness on Noh Cheon-myeong's poetry. Through this, I'd try to observe how to describe her idea about experienced place with her poetry.

All the living things got their experience about some place. A house is the first place of human being. There are their hometown, their province and their countries around of it. Those small and large places are making harmony with natural landscape. The place is the 'ground' of life for humans, 'the thing which they pour out their heart to' and what they form a relationship with others. Sense of place is the emotion or the feeling which people get when the subject of 'experience' is marked an unknown space down as an intimate place. In additon Topophilia means emotional bond between the human being and the place or the human being and the background. The authentic 'sense of place' is feeling which they have when someone stays in his inner part. It is feeling I am staying my own place as individual or members of this community. The place is safety area to an existence stands on the world. But It make placelessness to destroy safety area, lose foundation places, couldn't get psychological aid anymore. The placelessness is an attitude about the places when you have no meaning place. The placeness is a strong sense of unity with places. It is connected to have existential insideness which is no consciousl and intentional.

- 202 -

서두

㉠ 표제지(논제 표시) : 표제지는 각 대학에서 규정한 엄격한 형식에 맞게 작성해야 한다. 표제지에 들어가야 할 항목은 '논문 제목, 제출처, 학위 구분, 제출자, 제출일' 등이다.

㉡ 인준란 : 인준란은 서명과 날인을 위한 것이다. 학사 논문의 경우는 2인 이상석사 논문 3인 이상, 박사 논문 5인 이상의 위원들에 의해 학위논문에 대한 심사가 이루어진다. 논문 심사를 거쳐 통과가 확정된 경우, 2인 이상석사 논문 3인 이상, 박사 논문 5인 이상의 심사위원이 서명과 날인을 함으로써 학위논문으로 인정받게 된다.

㉢ 서문 및 사사謝辭 : 학과나 학교에 따라서 서문이나 사사를 덧붙이기도 한다. 서문은 학위논문에서 다루는 연구의 범위나 목적, 성격 등을 미리 소개하기 위한 것이다. 사사는 논문을 작성할 때 도움을 주었던 지도 교수나 선후배, 가족 등에 대한 감사의 표현을 하는 부분이다.

㉣ 목차 : 목차는 전체의 구성과 전개를 일목요연하게 파악할 수 있도록 하는 내용의 축도이다. 목차를 정리할 경우 상위 항과 하위 항의 상관관계를 분명하게 알 수 있도록 해야 한다. 목차를 작성할 때에는 'Ⅰ, 1, 1), (1), ①, ㉠, …'식이나, 'Ⅰ, 1, 1.1, 1.1.1, 1.1.1.1, …'식으로 번호를 붙인다.

㉤ (국문)초록 : (국문)초록은 논문의 내용을 1～2쪽 정도로 간략히 축약하여 소개하는 요지문이다. 이 초록은 빠른 시간 내에 논문의 전체적인 내용 파악이 용이하도록 간추려 작성해야 한다.

㉥ 표 목록, 그림 목록 등 : 논문에 표(통계표 등)나 그림(그래프, 차트, 사진 등) 등이 중요한 역할을 하는 경우는 표나 그림 목록을 별도로 작성하기도 하고, 연구자가 많이 활용하는 공식이나 논문, 저서, 기타 자료 등의 경우 따로 약호를 지정하여 사용하기도 한다.

연습

졸업을 위한 학위논문을 쓴다고 가정하여 개요 및 목차를 작성해 보자.

개요표

목차

본문

서론 : 독자의 주목을 끌어라

서론은 학술 논문의 전체를 안내하는 부분이다. 서론에는 논문의 목적, 문제 제기, 연구의 방법, 연구사 등을 제시한다. 연구 문제를 제기할 때에는 지나치게 상세한 내용을 설명하기보다는 일반적인 소개를 하는 것이 좋다. 또한 논문의 주제와 관련된 과거의 연구사를 검토한다. 특수한 개념이나 용어를 설명하거나 기본 자료를 제시하고 수집 방법 등을 밝힌다. 마지막으로 서론은 간략하면서도 명확하게 서술하는 것이 바람직하다.

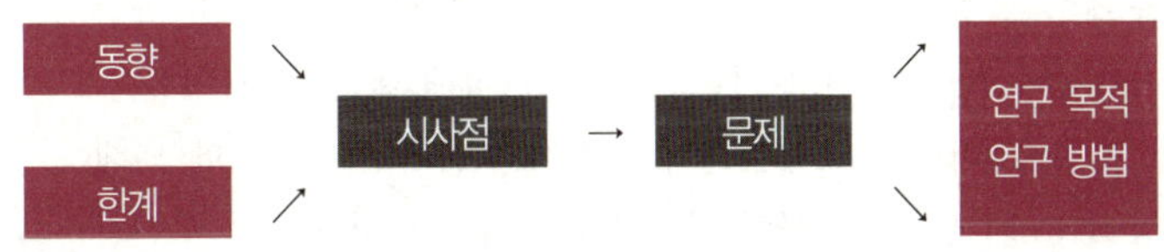

인문사회계열의 학술 논문을 찾아서 서론을 읽고 그 구성을 점검해 보면, 여러 분야의 학술 논문의 서론이 갖추어야 할 내용과 형식은 큰 차이가 없다. 다음 학술 논문의 서론을 읽고, 서론에 제시되어야 할 문제 제기나 연구의 목적 등이 명확히 제시되었는지를 검토해 보자.

임화는 이광수라는 작가의 특이성이 곧 "조선소설의 특성"이며 그것은 당대까지 제거되지 않고 전승된 "은연隱然한 경향"이라고 지적한 바 있다. 과연 어떤 작가들이 이광수의 에피고넨이었는지도 흥미롭지만, '이광수적인 것'으로 명명되는 어떤 특질이 1939년경에 이미 한국소설의 원형질로 고착되었다는 지적은 본고의 논의와 관련해 경청할 만하다. 계몽, 삼각관계, 문화적 민족주의 등이 그 익숙한 항목들에 해당할 텐데, 이러한 요소들은 각각 독립적이라기보다 서로 긴밀히 연관된 채로 결속되어 하나의 주체를 형상화하는 데 기여한다. 그 주체를 명명하는 최선의 표현을 선별하기 이전에 우선 주목할 대목은 이광수 소설이 최종적으로 주조해 내는 남성 주체의 형상이 그 자체로 성장 혹은 교양의 범례가 된다는 것이다. (중략)

반세기를 경과해 이광수로부터 이문열에 이르는 한국 교양소설의 한 계보는, 작가의 세계관이 텍스트 전체를 기율하는 통제권을 놓지 않는다는 점에서 계몽주의 휘장 속에 있지만, 그 소설의 주인공들이 자기 세대가 겪은 모더니티의 충격적인 경험과 그 문화적, 역사적 조건의 복잡한 측면을 결국 개인 내면의 문제 곧 도덕성으로 환치시킨다는 점에서 보면 더할 바 없이 낭만주의적인 관성에 길들여져 있다. 그 계보의 시작과 끝에 위치하고 있는 셈인 이광수와 이문열 교양소설의 주인공들은 낭만주의의 품성을 공유하고 있으면서도 동시에 이를 내면화하는 태도에서 결정적으로 구별된다. '자기 황홀'과 '자기 비하'라는 파토스가 각각 주인공의 자아를 추동하면서 서로 다른 주체를 형성해 내는 데 관여한다. 이들의 교양소설에서 중요한 것은, 그러한 나르시시즘이 대중적 호응과 독서체험에 의해 한국적 교양의 일부 또는 교양 있는 남성의 전유물인 것처럼 독해되는 관행 때문에 부단히 직면하게 되는 한국소설의 곤경이다.

– 이철호, 「황홀과 비하, 한국 교양소설의 두 가지 표정」, 『상허학보』 37, 2013. 2.

연습

졸업을 위한 학위논문을 쓴다고 가정하여 서론을 작성해 보자.

Ⅰ. 서론

1. 연구 목적

2. 연구 방법

▮본론 : 탄탄한 논거를 바탕으로 주장하라

본론은 서론에서 제기된 문제를 논증함으로써 논문의 목적을 달성하는 과정을 보여주는 부분이다. 본론에는 서론에서 밝힌 연구의 방법에 따라 수집된 자료의 정확성과 신뢰성을 확인해야 하며, 이렇게 확인된 자료를 분석하여 체계적인 기준에 따라 정리해야 하며, 분석되고 정리된 자료를 근거로 삼아 객관적 주장에 도달함으로써 서론에서 제기된 문제에 대한 해답을 제시해야 한다. 마지막으로 자신의 주장과 다른 사람의 의견을 구분해서 제시해야 한다. 이는 적절한 인용과 정확한 주석 작업이 필요하다는 것이다.

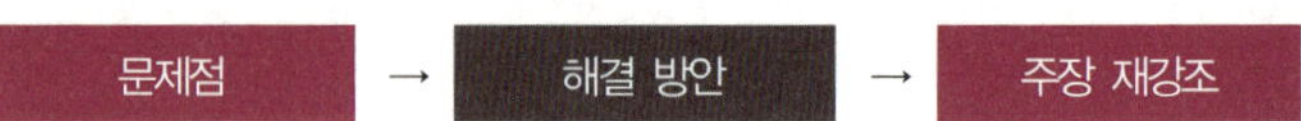

인문사회계열의 학술 논문을 찾아서 본론을 읽고, 서론에 제시된 문제를 논증하는 방법을 알아볼 필요가 있다. 다음의 학술 논문의 본론을 읽고 본론을 작성하는 방법을 논의해 보자.

2. 남성 관음자와 파노라마적 시선

『무정』은 전지적 시점으로 구축되는 소설이고, 주요 인물들의 심리 상태 역시 전지적 서술자가 직접적으로 설명하는 경우가 많지만, 이형식과 주요 인물들의 관점에서 초점화되는 서술방식은 이 소설에서 문제적인 미학적 지점이다.

> 경성 학교 영어 교사 이형식은 오후 두시 사년급 영어 시간을 마치고 내리쪼이는 유월 볕에 땀을 흘리면서 안동 김장로의 집으로 간다. 김장로의 딸 선형이가 명년 미국 유학을 가기 위하여 영어를 준비할 차로 이형식을 매일 한 시간씩 가정교사로 고빙하여 오늘 오후 세시부터 수업을 시작하게 되었음이라. 이형식은 아직 독신이라 남의 여자와 가까이 교제하여본 적이 없고, 이렇게 순결한 청년이 흔히 그러한 모양으로 젊은 여자를 대하면 자연 수줍은 생각이 나서 얼굴이 확확 달며 고개가 저절로 숙어진다. 남자로 생겨나서 이러함이 못생겼다면 못생겼다고도 하려니와 저 여자를 보면 아무러한 핑계를 얻어서라도 가까이 가려 하고 말 한마디라도 하여보려 하는 잘난 사람들보다는 나으리라. 형식은 여러 가지 생각을 한다. 우선 처음 만나서 어떻게 인사를 할까.
>
> – 이광수, 김철 편, 『무정』, 문학과지성사, 2005, 10–11쪽.

『무정』의 첫 문단은 경성학교 영어교사 이형식이 김선형의 집으로 가는 장면에서 시작된다. 이 소설의 도입부는 주인공을 등장시키고, 그 캐릭터와 상황을 설명하는 것이라고 할 수 있지만, 이 소설의 시선 주체와 관련된 몇 가지 중요한 요소가 드러나 있다. 하나는 주인공에 대한 관찰자적인 묘사로 시작된 문장이 주인공의 심리적 상태를 진술하는 문장으로 곧 바로 이동하고, 주인공의 내적 관점에서의 진술이 시작된다는 것이다. 그것은 이 소설에서 외부 초점자의 전지적 시점이 주인공의 관점에서의 인물 초점자의 시점을 포함하게 된다는 것을 보여준다. 두 번째는 첫 장면에서의 주인공 이형식의 심리상태에서 중요한 심리적 동요의 계기가 되는 것은 이성과의 대면이라는 점이다. 여성을 어떻게 대하고 어떻게 쳐다볼 것인가 하는 것은 이형식의 캐릭터를 설명하는 데 결정적인 부분이며, 이 소설에서 '여성이라는 대상'에 대한 시선이 심층적 주제를 이루고 있음을 암시한다고 볼 수 있다.

"천만의 말씀이올시다" 하고 형식은 잠깐 고개를 들어 부인을 보는 듯 선형을 보았다. 선형은 한 걸음쯤 모친 뒤에 피하여 한 편 귀와 몸의 반편이 그 모친에게 가렸다. 고개를 숙였으매 눈은 보이지 아니하나 난 대로 내버린 검은 눈썹이 하얗고 널찍한 이마에 뚜렷이 춘산을 그리고, 기름도 아니 바른 까만 머리는 언제나 빗었는가 흐트러진 두어 오리가 불그레한 복숭아꽃 같은 두 뺨을 가리어 바람이 부는 대로 하느적하느적 꼭 다문 입술을 때리고, 깃 좁은 가는 모시 적삼으로 혈색 좋은 고운 살이 몽롱하게 비치며 무릎 위에 걸어놓은 두 손은 옥으로 깎은 듯 불빛에 대면 투명할 듯하다.

– 이광수, 김철 편, 앞의 책, 18-19쪽.

이형식의 시선에 의해서 처음으로 선형을 훔쳐보는 이 장면의 묘사는, 남성적 시선 주체가 어떻게 구성되는가를 보여주는 문제적인 장면이다. 계몽주의자 이광수가 아니라, 작가 이광수의 인물에 대한 묘사적 감각의 뛰어남을 보여주는 이런 장면은, 이 소설의 근대성의 중요한 미학적 국면을 형성하고 있다고 볼 수 있다. 여성 인물의 육체에 대한 이 장면의 감각적이고 관능적인 묘사는 이 소설의 미적 근대성의 의미심장한 위치를 보여준다. 이 장면에서는 한국근대문학에서 지속적으로 등장하게 되는 남성 관음자로서의 시선 주체의 등장을 목격할 수 있다. 여기서 묘사를 구성하는 것은 '서술 주체'와 '시선 주체' 사이의 내밀한 관계이며, 그것은 시선과 응시의 정치학을 요구한다. 남성 관음자 이형식의 시선 주체가 등장하는 이 장면에서 '관음증'의 모더니티와 섹슈얼리티의 문제가 노출되기 시작한다. (중략)

형식의 앞에는 선형과 영채가 가지런히 떠 나온다. 처음에는 둘이 다 백설 같은 옷을 입고 각각 한 손에 꽃가지를 들고 다른 한 손은 백설 같은 옷을 입고 형식의 손을 잡으려는 듯이 손길을 펴서 형식의 앞에 내밀었다. 그리고 두 처녀는 각각 방글방글 웃으며, '형식 씨! 제 손을 잡아 주셔요, 예' 하고 아양을 부리는 듯이 고개를 살짝 기울인다. 형식은 이 손을 잡을까 저 손을 잡을까 하여 자기의 두 손을 공중에 내들고 주저한다. 이윽고 영채의 모양이 변하여지며 그 백설 같은 옷이 스러지고 피 묻고 찢어진 이름도 모를 비단 치마를 입고 그 치마 째어진 데로 피 묻은 다리가 보인다. 영채의 얼굴에는 눈물이 흐르고 입술에서는 피가 흐른다. 영채의 손에 들었던 꽃가지는 금시에 간 데가 없고 손에는 더러운 흙이 쥐었다. 형식은 고개를 흔들고 눈을 떴다.

– 이광수, 김철 편, 앞의 책, 175-176쪽.

이형식이라는 남성적 시선 주체의 남성 판타지를 전형적으로 보여주는 이 장면에서, 영채는 선형과는 달리 매력적이고 역동적이지만 더럽혀지고 훼손된 이미지를 뒤집어쓰게 된다. 구시대적 인물로서의 영채에 대한 태도의 이율배반은 형식에게 집요하게 남아 있는 구시대의 성리학적 가치체계 때문이라고 할 수 있다. 영채의 육체적 매력과 구시대적 의미의 순결성의 훼손, 선형의 순결성과 신여성으로서의 가능성이라는 표상의 차이는, 소설의 공적인 담론의 가치 체계에서는 선형으로의 선택을 필연적으로 만들지만, 형식의 욕망이라는 수준에 있어서는 그 개인적 선택을 불가능한 것으로 만든다. 형식이라는 남성적 시선 주체의 여성에 대한 시선의 이율배반은, 낭만적이고 숭고한 사랑에 대한 새로운 윤리에서 구시내적 이념과 식민성을 분리해 내지 못하는 자기모순을 보여주는 미학적 자리라고 할 수 있다. 금욕적이고 이상주의적인 주체성에 대한 추구는 전근대적인 여성관과 남성 주체의 욕망이라는 분열을 해소하지 못한다. 이형식이라는 남성 주체에게 감정의 자율성이라는 계몽적 테제는 전근대적인 도덕적 덕목과 기형적으로 결합되는 자기모순을 감당할 수밖에 없다. 그래서 소설의 마지막까지 영채와 선형의 사이에서 남성적 주체의 불안정한 태도는 해소되지 않으며, '수해'라는 식민지인의 참사를 대면하면서 모든 갈등이 한꺼번에 해결되는 결말은 이러한 시선 주체의 모순과 아이러니를 봉합하는 데 지나지 않는다고 할 수 있다. 그럼에도 불구하고 여성에 대한 『무정』의 시선 주체가 보여주는 근대성은 비극적 운명과 윤리적 당위의 세계 너머에서 다른 방식으로 드러나는 개인적 욕망의 장소라고 할 수 있다. 그것은 『무정』의 계몽적 언표 행위 사이에서 드러나는 '욕망의 배치'를 드러내 준다는 측면에서 문제적인 것이다.

– 이광호, 「이광수 소설의 '시선 주체'와 문학사적 의미」, 『한국문예창작』 25, 2012. 8.

연습

졸업을 위한 학위논문을 쓴다고 가정하여 본론을 작성해 보자.

Ⅱ.

▌결론 : 주장을 요약하고 새로운 문제를 제기하라

결론은 논문 전체를 마무리하는 부분이다. 결론에는 본론에서 전개한 논의를 요약하고, 연구자의 주장을 최종적으로 확인하고 종합해야 한다. 이와 함께 가능한 한 자신의 논문에서 해명되지 못한 문제들을 밝혀 두는 한편, 새로운 연구 방향을 제시하여 후학들에게 더 연구할 수 있는 가능성을 열어 주는 배려도 필요하다. 다시 말해서, 결론에서는 본론에서의 논의 과정을 요약하며, 논문의 최종적 주장을 강조하며, 최종적 주장에 대해 평가를 하거나 앞으로의 조사 및 연구 방향 등을 제시하기도 한다.

논의 요약 (주장 강조) → 연구 방향 (전망 제시)

인문사회계열의 학술 논문을 찾아서 결론을 읽고, 논문에서 제기된 문제를 어떻게 정리하는지를 확인해 보자. 다음의 학술 논문의 결론을 읽고 결론을 작성하는 방법을 논의해 보자.

> 이해하기 어려운 이광수의 행동에 대해 어떻게 말하건 간에 하나 분명한 것은, 이광수는 실패했다는 것이며 그 실패가 그 이후의 한국 사람들을 두고두고 불편하게 만든다는 것이다. 물론 지금껏 논의해온 대로, 그의 실패는 종국적으로 민족주의라는 몰윤리와 칸트 식 도덕주의의 불행한 만남 때문이라 해야 할 것이다. 거짓말을 해서는 안 된다는 도덕률을 지키는 것과 무고한 목숨을 구하는 일 사이에서 전자를 택했던 칸트의 경우는

어떨까. 그것은 칸트에게서 정점에 도달한 자기목적적 윤리관의 그로테스크를 보여주는 상징적 예이며, 이광수에게서 우리가 발견하게 되는 기이함도 근본적으로는 이와 같은 논리의 연장에 있다. 이광수의 경우는 여기에서 한발 더 나아가 민족주의의 논리 자체가 지니고 있는 몰윤리성과 결합함으로써 칸트의 그로테스크와 공허함을 좀 더 예각화되고 일그러진 모습으로 보여주고 있다. 우리가 지금껏 논의해온 이광수, 우리가 지금껏 알고 있는 이광수의 모습이 이런 바탕 위에 놓여 있는 것이라면, 그에 관한 어떤 판단도 결국은 우리 자신에 관한 판단 이상일 수는 없어 보인다. 우리가 아직 민족국가의 체계 속에서 살고 있다는 사실, 그리고 우리 시대의 윤리가 공허한 형식주의와 맹목적 신념 사이에서 끝없이 부동하고 있다는 사실이 부정되지 않는 한, 그렇다고 말할 수밖에 없다. 그러니 대동아공영권을 유머로 간주하는 것도, 두 눈을 홉뜨고 그것을 응시하는 것도, 결국은 우리 자신을 위한 변해이기도 하겠다.

– 서영채, 「이광수, 근대성의 윤리」, 『한국근대문학연구』 19, 2009. 4.

연습

졸업을 위한 학위논문을 쓴다고 가정하여 결론을 작성해 보자.

Ⅲ. 결론

1. 연구 결과 요약

2. 남은 문제 제시

인용

학술 논문을 쓸 때에는 자신의 독창적인 주장과 인용한 부분을 명확히 구분해서 밝혀야 한다. 인용한 자료는 객관적이고 권위 있는 것이어야 하며, 정확하게 평가되어야 하고, 주석을 통하여 출처를 분명하게 밝혀야 한다.

인문사회계열의 학술 논문을 찾아서 인용을 어떻게 처리하는지를 확인해 보자. 다음 이경훈의 논문 「『무정』의 패션」의 일부를 읽고 인용의 방법에 대해서 정리해 보자.

주지하듯이 『무정』은 아래와 같은 기념비적인 장면으로 시작된다. 즉 춘원은 다음 장면의 기술을 통해, 근대적 교육 제도와 시간 규율, 더 나아가 기독교까지를 단 한 문장에 언급하고 있다.

> **경셩학교 영어교ᄉᆞ 리형식은 오후 두시 ᄉᆞ년급 영어 시간을 마초고 나려쪼이는 류월볏체 땀흘리면서 안동 김쟝로의 집으로 간다.**[1]

(중략) 오후 두 시에 '사년급 영어 시간'을 끝마친 뒤, 오후 세 시의 가정 교사 수업을 위해 김 장로의 집으로 가는 형식이의 행위 역시 그 무엇보다도 근대적으로 분절·구획된 시간 계획 위에 있는 것이기 때문이다. (중략) 차가움은 대상과의 이러한 거리, 대상을 타자화하는 유리 저쪽 시선의 냉정한 객관성에서도 유래한다. (중략) 대상에 대한 완전한 시각적 전유專有로 귀결될 것이다.[2] 이같이 대상은 유리 저쪽으로 건너갈 수 없을 뿐만 아니라 자신을 감출 수도 없다. 반면에 시선은 대상과 접촉하거나 동화됨이 없이 오직 냉정하게 관찰하기만 할 수 있을 것이다. (중략) 서술 주체와 대상의 단절을 표현하는 '했다'('았')야말로 '무정한 눈', 즉 유리 앞에 선 시점이기 때문이다. 그것은 한국 소설의 창틀에 끼워진 근대적 유리였던 것이다. (중략) 우리는 봉건적인 '남녀칠세부동석'과는

또 다른 근대적 '부동석不同席'을 발견하게 될 것이다. 이제 모든 개별자들은 서로에 대해 항상 '유리=았'의 저쪽에 존재한다. 이는 근대적 주체의 구조이다. 따라서 이제 "영혼 속에 타오르는 불꽃은 별들이 발하고 있는 빛과 본질적으로 동일"[3)]하지 않다. 형식이의 가슴 속 '불길'과 '나려쏘이는 류월볕'이 전혀 다른 뜨거움이었듯이 말이다.

---

1) 春園, 『無情』, 新文館, 1918, 1쪽.
2) 발터 벤야민, 반성완 역, 『발터 벤야민의 문예이론』, 민음사, 1983, 220쪽 참조.
3) 게오르그 루카치, 반성완 역, 『소설의 이론』, 심설당, 1985, 29쪽.

인용의 방법은 직접 인용과 간접 인용으로 나눈다. 논문을 작성할 때 원문의 표현을 그대로 옮겨야 할 경우 직접 인용을 한다. 단어나 핵심어구, 3행 이내의 짧은 문장을 인용할 때에는 본문 안에서 큰 따옴표(" ")를 사용하여 표시해 준다. 그 이상의 글을 길게 인용할 때에는 새로운 단락을 만들어 위아래로 한 행을 띄고, 본문보다 안으로 들여 쓴다. 직접 인용의 경우에는 주석을 달아 출전을 정확하게 밝힌다. 간접 인용은 필자의 용어로 바꾸어 인용하는 방법인데, 원문의 본래 의미가 훼손되지 않도록 주의해야 한다. 간접 인용도 주석을 달아 출처를 명확히 밝힌다.

주석

주석은 다른 연구자의 글을 인용하거나 혹은 그 글에서 필요한 정보를 얻게 되었을 경우, 인용문이나 정보의 출처를 밝히기 위한 것이다. 또한 본문의 내용을 보충하거나 부연 설명을 제시하고자 할 때에도 주석을 달 수 있다. 주석은 출전주와 참조주,

내용주가 있다. 출전주는 연구자가 논문에 기술한 문헌이 다른 연구자의 문헌을 직간접적으로 인용하거나 참조할 때 출처를 밝히는 것이다. 참조주는 논문의 내용과 관련 있는 참고 자료를 소개하는 것이다. 내용주는 논문의 내용에 대한 해석이나 부연 설명 따위를 덧붙이는 것이다.

인문사회계열의 학술 논문을 찾아서 주석을 어떻게 처리하는지를 확인해 보자. 이광호의 논문 「이광수 소설의 '시선 주체'와 문학사적 의미」의 일부를 정리한 다음 부분을 읽고 주석의 처리 방식에 대해서 정리해 보자.

여성을 어떻게 대하고 어떻게 쳐다볼 것인가 하는 것은 이형식의 캐릭터를 설명하는 데 결정적인 부분이며, 이 소설에서 '여성이라는 대상'에 대한 시선이 심층적 주제를 이루고 있음을 암시한다고 볼 수 있다.

> "천만의 말씀이올시다" 하고 형식은 잠깐 고개를 들어 부인을 보는 듯 선형을 보았다. (중략) 깃 좁은 가는 모시 적삼으로 혈색 좋은 고운 살이 몽롱하게 비치며 무릎 위에 걸어놓은 두 손은 옥으로 깎은 듯 불빛에 대면 투명할 듯하다.[1]

이형식의 시선에 의해서 처음으로 선형을 훔쳐보는 이 장면의 묘사는, 남성적 시선 주체가 어떻게 구성되는가를 보여주는 문제적인 장면이다. (중략) 미디어에서 여성은 남성 욕망을 위한 시각적인 소비의 대상이며, 여성들은 대상화된 자신의 이미지를 소비하는 모호한 자리에 놓인다.[2] 문제는 이런 남성 관음자로서의 시선 주체의 탄생이 모더니티의 문제와 연루되어 있다는 것이다. (중략)

> 더구나 그 이야기 할 때에 하얀 이빨이 반작반작하는 것과 탄식할 때에 잠깐 몸을 틀며 보일 듯 말 듯 양미간을 찡그리는 것이 못 견디리만큼 어여뻤다. (중략) 영채의 얼굴은 잠시도 한 모양이 아니요 마치 엷은 안개가 그 앞으로 휙휙휙 지나가는 모양으로 얼굴과 빛과 눈찌가 늘 변하였다.[3]

남성 시선 주체가 선형과 영채의 이미지를 비교하는 장면은 『무정』에서 여러 차례에 걸쳐 나타난다. (중략) 영채에 대한 감정적 동요의 낙차가 큰 것은 영채의 외모 때문이기도 하지만, 장로의 딸인 선형과는 달리[4] 영채는 은인의 딸이자 온갖 고초를 겪은 기생 신분이라는 이중성을 갖기 때문에 섹슈얼리티의 측면에서 보다 복잡한 요소들을 포함하고 있기 때문이다.[5] 영채의 불완전한 순결성과 압도적인 육체의 매력을 둘러싼 형식의 갈등은 그의 이상주의적 연애관의 모순과 허구성을 드러내는 결정적인 요인이 된다.[6]

---

1) 이광수, 김철 편, 『무정』, 문학과지성사, 2005, 18-19쪽.
2) 여성의 이미지는 남성의 타자로서 남성의 욕망을 구현하거나 남성의 결핍된 존재로서 만들어진다. 남성의 시선은 거리를 두고 관찰하며 쾌락을 취하는 관음증으로 특징지워지며, 여성의 시선은 갇혀진 채로 이미지와 동일시하거나 이미지의 반사 속에서 쾌락을 발견하는 나르시시스적인 것이 된다. 수잔나 D. 월터스, 김현미 외 역, 『이미지와 현실 사이의 여성들』, 또하나의문화, 1999; 아네트 쿤, 이형식 역, 『이미지의 힘-영상과 섹슈얼리티』, 동문선, 2001, 참조.
3) 이광수, 앞의 책, 70-71쪽.
4) 선형에 대한 형식이라는 남성 주체의 시선은 그 순결성에 대한 이중적 태도와 연관된다. "그러나 선형은 아직 사람이 되지 못하였다. 선형의 속에 있는 '사람'은 아직 깨지 못하였다. 이 '사람'이 깨어볼까 말까는 하나님밖에 아는 이가 없다. /이러한 것을 '순결하다'고도 할지요, '청정하다' 하면 '청정하다'고도 할지나 그러나 이는 결코 '사람'이 아니요 다만 '사람'이 되려 하는 재료니 마치 장차 조각물이 되려 하는 대리석과 같다." 위의 책, 109쪽.
5) 이 소설의 섹슈얼리티와 관련하여 감각적인 묘사는 영채와 선형의 신체에 대한 남성 관음자의 시선 주체에 의해 이루어지지만, 성적 행위와 관련된 감각적인 묘사는 여성들 사이의 동성애적인 장면에서 이루어진다는 것은 흥미롭다. "영채는 부끄러운 듯이 낯을 월화의 가슴에 비비고 월화의 허연 젖꼭지를 물려 "형님이니 그렇지" 하였다." 위의 책, 128쪽. "월화는 숨소리 편안하게 잠이 든 영채의 얼굴을 보고 있다가 힘껏 영채의 입술을 빨았다. 영채는 잠이 깨지 아니한 채로 고운 팔로 월화의 목을 꼭 쓸어안았다. 월화의 몸은 벌벌 떨린다." 위의 책, 136쪽.
6) 이 점에 대해서는 김지영의 논문이 잘 분석하고 있다. "영채의 육체와 순결성에 대한 형식의 집요한 관심과, 영채-선형 사이의 갈등을 해결할 수 없는 형식의 감정은 작가가 지닌 이념적 인식틀의 고정화 작용에 저항하면서 정형화된 이념틀 위에 틈새적인 공간을 형성하는 것이다. 영채의 육체와 순결성에 대한 형식의 관점과 정신적 이해에 '우선' 하는 감정의 변화들은, 영육일치를 주장하면서 육적 만족보다는 영적 요구의 우선성을 강조했던 춘원의 이론적 연애론을 공격한다." 김지영, 「『무정』에 나타난 '사랑'과 '주체'의 근대성」, 『한국문학이론과 비평』 26, 2005. 3, 105쪽.

1 단행본

기본형식 : 필자명, 제목, 출판 사항(판수, (발행지), 출판사, 발행 연도), 참조 쪽수.

① 처음 등장하는 단행본

저　서: 김윤식, 『이광수와 그의 시대』, 한길사, 1986, 528쪽.

편　서: 박헌호 편, 『센티멘탈 이광수』, 소명출판, 2013, 46-57쪽.

번역서: 테드 휴즈, 나병철 역, 『냉전시대 한국의 문학과 영화』, 소명출판, 2013, 26-27쪽.

외국서: R. Wellek, A. Warren, *Theory of Literature*, New York: Hartcourt, Brace & World, 1949, p.30.

② 같은 단행본을 여러 번 인용할 경우

- 바로 앞에서 인용한 자료를 다시 인용한 경우에는 중복되는 항목은 줄여서 표기한다.
- 위의 책 / ibid.('ibidem(in the same place)'의 약자)

김윤식, 『이광수와 그의 시대』, 한길사, 1986, 528쪽.

위의 책, 533-537쪽.

R. Wellek, A. Warren, *Theory of Literature*, New York: Hartcourt, Brace & World, 1949, pp.30-32.

Ibid., p.63.

- 앞에서 인용한 자료를 다시 인용할 경우
- 앞의 책 / op. cit.('opere citato(in the work cited)'의 약자)

김윤식, 『이광수와 그의 시대』, 한길사, 1986, 533쪽.
박헌호 편, 『센티멘탈 이광수』, 소명출판, 2013, 78쪽.
김윤식, 앞의 책, 573-575쪽.
R. Wellek, A. Warren, *Theory of Literature*, New York: Hartcourt, Brace & World, 1949, pp.30-32.
T. Eagleton, *Literary Theory: An Introduction*, Oxford: Basil Blackwell Publisher, 1983, p.27.
R. Wellek, A. Warren, *op. cit.*, p.63.

2 논문

기본형식 : 필자명, 논문 제목, 단행본(또는 간행물) 이름 권수와 호수, 발행 연도, 계절 또는 월月명, 참조 쪽수.

① 처음 등장하는 논문

학술지:
서영채, 「이광수, 근대성의 윤리」, 『한국근대문학연구』 19, 2009. 4, 147쪽.

일반단행본:
신형기, 「남북한 문학과 '정치의 심미화'」, 김철·신형기 외, 『문학 속의 파시즘』, 삼인, 2001, 326-327쪽.

② 같은 논문을 여러 번 인용할 경우
저서의 경우와 제시 방식이 동일하다.

③ 기타 자료

편지, 소감문이나 라디오, 텔레비전 프로그램, 영화, 음반, 게임, 인터넷에서 얻은 자료들을 인용할 때에도 출처를 밝힌다.

> 이 상, 「사신 10 - 계씨 김운경에게 보낸 엽서」, 1937. 2. 8.
>
> 김대중, 「노벨상 수상 소감문」, 2000. 10. 13.
>
> 김민기 연출, 「지하철 1호선」, 설경구 · 권형준 · 서지영 · 김학준 출연, 학전 블루, 2001.
>
> 임순례 감독, 「와이키키 브라더스」, 류승범 · 오지혜 · 김영수 주연, 명필름, 2001.
>
> 「의사들은 병원 안가요. 자연치유력 믿으니까」, 『중앙일보』, 2015. 1. 10, http://joongang.joins.com/article/025/16902025.html?ctg=1200&cloc=joongang|home|newslist1

참고 자료

참고 문헌

참고 문헌란은 본문에서 인용한 자료나 논문을 작성하는 과정에서 참조한 자료를 일목요연하게 정리하여 제시하는 부분이다. 이 부분은 연구자가 논문을 완성하기 위해서 어떤 기초 자료나 논문, 저서를 참고했는지를 다른 연구자에게 알리기 위해서 작성된다. 또한 동일한 주제나 분야에 대해 논문을 준비하려는 후학들에게 참조할 만한 참고 자료를 소개하는 것이다.

참고 문헌란의 정리는 국내 문헌과 국외 문헌으로 구분하거나 기본 자료와 논문, 단행본으로 구분한다. 단행본의 기본 형식은 '필자명, 제목, 출판 사항(판수, (발행지역), 출판사, 발행 연도)'이며, 논문의 기본 형식은 '필자명, 논문 제목, 간행물(또는 단행본) 이름 권수와 호수, 발행 연도, 월月 또는 계절명'이다. 그리고 국내 문헌은 'ㄱ, ㄴ, ㄷ ……'순으로 배열하고, 국외 문헌은 'a, b, c ……'순으로 배열한다.

참고 문헌

1. 국내 문헌

김경민, 「이광수 소설에 나타난 '연애'의 의미 연구」, 『한국근대문학연구』 15, 2007. 4.
김영찬, 「식민지 근대의 내면과 표상」, 『상허학보』 16, 2006. 2.
김종수, 「근대소설 연구방법의 한 경향」, 『비평문학』 27, 2007. 12.
김 철·이경훈·서은주·임진영, 「『무정』의 계보」, 『민족문학사연구』 20, 2002. 6.
김학면, 「이광수 초기문학담론과 『무정』의 '근대성' 연구」, 『한국현대문학연구』 25, 2008. 8.
이경훈, 「『무정』의 패션」, 『민족문학사연구』 18, 2001. 6.
이철호, 「황홀과 비하, 한국 교양소설의 두 가지 표정」, 『상허학보』 37, 2013. 2.
황종연, 「노블, 청년, 제국」, 『상허학보』 14, 2005. 2.
……

2. 국외 문헌

Eagleton, T., *Literary Theory: An Introduction*, Oxford: Basil Blackwell Publisher, 1983.
Hughes, T., 나병철 역, 『냉전시대 한국의 문학과 영화』, 소명출판, 2013.
Wellek, R., Warren, A., *Theory of Literature*, New York: Hartcourt, Brace & World, 1949.
……

참고 문헌

1. 기본 자료

이광수, 『무정』, 신문관, 1918.
이광수, 김철 교주, 『(바로잡은) 무정』, 문학동네, 2003.
이광수, 김철 편, 『무정』, 문학과지성사, 2005.

……

2. 논문

김영찬, 「식민지 근대의 내면과 표상」, 『상허학보』 16, 2006. 2.
김종수, 「근대소설 연구방법의 한 경향」, 『비평문학』 27, 2007. 12.
김 철·이경훈·서은주·임진영, 「『무정』의 계보」, 『민족문학사연구』 20, 2002. 6.
김학면, 「이광수 초기문학담론과 『무정』의 '근대성' 연구」, 『한국현대문학연구』 25, 2008. 8.
서영채, 「이광수, 근대성의 윤리」, 『한국근대문학연구』 19, 2009. 4.
이경훈, 「『무정』의 패션」, 『민족문학사연구』 18, 2001. 6.
이광호, 「이광수 소설의 '시선 주체'와 문학사적 의미」, 『한국문예창작』 25, 2012. 8.
이철호, 「황홀과 비하, 한국 교양소설의 두 가지 표정」, 『상허학보』 37, 2013. 2.
황종연, 「노블, 청년, 제국」, 『상허학보』 14, 2005. 2.

……

3. 단행본

김윤식, 『이광수와 그의 시대』, 한길사, 1986.
문학과사상연구회 편, 『이광수 문학의 재인식』, 소명출판, 2009.
박헌호 편, 『센티멘탈 이광수』, 소명출판, 2013.
이경훈, 『오빠의 탄생』, 문학과지성사, 2003.

……

柄谷行人, 박유하 역, 『일본근대문학의 기원』, 민음사, 1997.
Eagleton, T., *Literary Theory: An Introduction*, Oxford: Basil Blackwell Publisher, 1983.
Hughes, T., 나병철 역, 『냉전시대 한국의 문학과 영화』, 소명출판, 2013.
Irigaray, L., 이은민 역, 『하나이지 않은 성』, 동문선, 2000.
Wellek, R., Warren, A., *Theory of Literature*, New York: Hartcourt, Brace & World, 1949.

……

초록

초록은 논문의 내용을 1~2쪽 정도로 간략히 축약하여 소개하는 요지문이다. 이 초록은 빠른 시간 내에 논문의 전체적인 내용 파악이 용이하도록 간추려 작성해야 한다.

국문초록

이 글은 식민지 시대의 소설가이자 민족주의자 이광수의 윤리 정치의 실패에 대해 숙고해 보고자 하는 취지에서 씌어졌다.

……

그것은 기본적으로 그의 윤리정치의 실패로 인한 것이지만, 동시에 절대선의 형식주의를 보여주는 것으로서 근대성의 윤리적 허약성을 노정하는 것이기도 하다.

Abstract

This Paper was written on the purpose of thinking about the failure of Yi kwangsu's ethico-politics.

……

It is basically the result of the failure of his ethico-politics but shows also the formalism of the absolute good and the weakness of modern ethics.

연습

졸업을 위한 학위논문을 쓴다고 가정하여 참고 문헌을 작성해 보자.

참고 문헌

1. 국내 문헌

2. 국외 문헌

학습활동

이광수의 『무정』을 연구한 논문을 읽고 학술보고서를 작성해 보자.

무정

– 이광수

無情

春園

—(1)—

경성학교 영어 교사 이형식은 오후 두 시 사년급 영어 시간을 마치고 내려쪼이는 유월 볕에 땀을 흘리면서 안동 김장로의 집으로 간다. 김장로의 딸 선형善馨이가 명년 미국 유학을 가기 위하여 영어를 준비할 차로 이형식을 매일 한 시간씩 가정교사로 고빙하여[1] 오늘 오후 세 시부터 수업을 시작하게 되었음이라. 이형식은 아직 독신이라 남의 여자와 가까이 교제하여본 적이 없고, 이렇게 순결한 청년이 흔히 그러한 모양으로 젊은 여자를 대하면 자연 수줍은 생각이 나서 얼굴이 확확 달며 고개가 저절로 숙어진다. 남자로 생겨나서 이러함이 못생겼다면 못생겼다고도 하려니와 저 여자를 보면 아무러한 핑계를 얻어서라도 가까이 가려하고 말 한마디라도 하여보려 하는 잘난 사람들보다는 나으리라. 형식은 여러 가지 생각을 한다. 우선 처음 만나서 어떻게 인사를 할까. 남자 간에 하는 모양으로, '처음 보입니다. 저는 이형식이올시다' 이렇게 할까. 그러나 잠시라도 나는 가르치는 자요 저는 배우는 자라, 그러면 미상불[2] 무슨 차별이 있지나 아니할까. 저편에서 먼저 내게 인사를 하거든 그제야 나도 인사를 하는 것이 마땅하지 아니할까. 그것은 그러려니와 교수하는 방법은 어떻게나 할는지. 어제 김 장로에게 그 부탁을 들은 뒤로 지금껏 생각하건마는 무슨 묘방이 아니 생긴다. 가운데 책상을 하나 놓고 거기 마주 앉아서 가르칠까. 그러면 입김과 입김이 서로 마주치렷다. 혹 저편 히사시가미[3]가 내 이마에 스칠 때도 있으렷다. 책상 아래에서 무릎과 무릎이 가만히 마주 닿기도 하렷다. 이렇게 생각하고 형식은 얼굴이 붉어지며 혼자 빙긋 웃었다. 아니아니! 그러다가 만일 마음으로라도 죄를 범하게 되면 어찌하게. 옳다! 될 수 있는 대로 책상에서 멀리 떠나 앉았다가 만일 저편 무릎이 내게 닿거든 깜짝 놀라며 내 무릎을 치우리라. 그러나 내 입에서 무슨 냄새가 나면 여자에게 대하여 실례라, 점심 후에는 아직 담배는 아니 먹었건마는, 하고 손으로 입을 가리우고 입김을 후 내불어 본다. 그 입김이 손바닥에 반사되어 코로 들어가면 냄새의 유무를 시험할 수 있음이라. 형식은, 아뿔싸! 내가 어찌하여 이러한 생각을 하는가, 내 마음이 이렇게 약하던가 하면서 두 주먹을 불끈 쥐고 전신에 힘을 주어 이러한 약한 생각을 떼어버리려 하나 가슴속에는 이상하게 불길이 확확 일어난다.

---

1) 고빙(雇聘)하다: 학문이나 기술이 높은 이를 예를 갖추어 모셔오다.
2) 미상불(未嘗不): 아닌 게 아니라.
3) 히사시가미(庇髮, ひさしがみ): 퐁파두르(pompadour), 즉 앞머리를 모자의 챙처럼 풍성하게 쑥 내밀어 빗고 뒷머리는 틀어 올린 서양식 머리 모양으로, 머리를 모아 묶는 소쿠하츠(束髮, 트레머리)의 하나이다. 메이지 유신(明治維新, 1868) 이후 특히 1900년대 중반 무렵 크게 유행했으며, 동경 유학생들을 통해 조선에서도 여학생 머리 모양으로 유행했다. '차양머리'라고도 불렸다.

1. 황종연 「노블, 청년, 제국」

『무정』에 서술된 모든 행동에 설명과 판단의 기준이 되어 있는 문명의 관념은 빈번하게 지적되었듯이 근대 제국의 질서를 자연스러운 것으로 인정하게 하는 역할을 한다. 근대 제국주의의 역사는 문명의 혜택을 인류 사회에 보편화한다는 구실로 제국주의의 팽창주의적 정책이 합리화되었음을 알려 주고 있다. 문명의 사명이라는 관념은 특히 일본의 한국 지배를 정당화하는 데에 기초가 되었다. 일본인과 한국인 사이에는 인종적, 문화적 차이가 존재하지 않는다는 것이 통설이었기 때문에 일본인들은 한국인들을 그 낙후한 습관과 풍속에서 해방시켜 문명의 도정에 올려놓는다는 신념에 의지하여 한국인들을 지배하는 이유를 설명할 수밖에 없었다. 『무정』은 한국의 피식민 상태를 불가피한 사태로 인정하도록 만드는 효과가 충분하다. 낡은 도덕의 구속에서 벗어나 새로운 문명의 세계로 진입하는 청년들의 서사는 식민주의를 뒷받침하는 문명화의 논리, 바로 그것의 승리를 선언하고 경축한다.

– 황종연, 「노블, 청년, 제국」, 『상허학보』 14, 2005. 2.

2. 이경훈 「『무정』의 패션」

'패션fashion'은 (중략) 근대적 복장costume만을 의미하지 않는다. 그것은 사회 기구의 본질을 감각화 · 육체화 · 기호화하는 여러 장치 및 현상을 은유하기도 한다. 예를 들어 '언문일치' 역시 하나의 패션이다. 그것은 기존의 구어를 그대로 기록하는 것이 아니다. 반대로 근대 국가와 더불어 창안된 국어 내지 민족어의 에크리튀르(문어)를 입으로 말하는 것이다. 그것은 민족을 상상하는 패션이며, 따라서 이 상상 행위에 적극적으로 개입한 근대 문학 역시 고도로 패셔너블하다. 따라서 이 상상 행위에 적극적으로 개입한 근대 문학 역시 고도로 패셔너블하다. 그리고 『무정』은 그 근대 패션을 선도했다. 『무정』에 일관한 한 가지 핵심은 학교를 다니는 '하이칼라' 여성에 대한 형식의 집착, 즉 '자유연애'라는 패션이었다. (중략)

이렇게 '하이칼라'의 자유연애란 약육강식과 우승열패의 쇼윈도 앞에 선 일종의 사회 진화론적 욕망이었다. 따라서 『무정』의 무정함은 형식이 영채를 버렸다는 사실에만 적용되는 것이 아니다. 연애 이야기로 충만함에도 불구하고 『무정』이 끝내 무정할 수밖에 없는 이유는 자유연애 자체가 무정하기 때문이다. 역설적이게도 '무정'은 자유연애의 다른 이름이었다.

이상과 같이 '무정의 패션'을 고찰해 보았다. 그것은 하이칼라 · 양복쟁이 · 쇼윈도 · 기차 · 가정교사 · 유학 · 자유연애 · 우생학 · 돈 · 원근법 등의 온갖 유리창 너머로 보이는 의상이었다. 『무정』이 주목한 것은 아주 가깝게 먼 곳을 발생시키고 있는 근대의 핵심 장면이었다. 따라서 쉽사리 부잣집 사위가 되거나 유학으로써 새로운 지식을 얻었음에도 불구하고 『무정』의 패션은 본질적으로 무정한 것이었다. 작품에 구현된 근대적 욕망과 방법 자체가 유리를 마주한 것이기 때문이다. 그것은 수많은 차이와 관계, 그리고 역사를 작동시킬 것이다. 그토록 『무정』은 근대 소설이었다. 『무정』은 패셔너블했던 것이다.

— 이경훈, 「『무정』의 패션」, 『민족문학사연구』 18, 2001. 6.

3. 김철 · 이경훈 · 서은주 · 임진영 「『무정』의 계보」

『무정』 판본의 변화 양상은 우리 사회가 자신의 문화적 재화를 어떻게 관리하고 유지해 왔는가를 보여주는 하나의 사례이다. 어쩌면 『무정』은 그 내용으로서 뿐만 아니라, '책' 그 자체의 구체적 물질성으로서 우리가 지나온 근대 — 식민지와 전쟁과 분단과 개발, 그

온갖 혼란의 '활력'은 물론, 그 거칠음과 폭력까지도 포함하는 — 를 증거하고 있는 것은 아닌가. "만지면 만질수록 그 증세가 덧나는 그런 상처"를 가진 문학사는 불행한 것이 아니라 행복하기까지 하다. 그러나 상처를 직시하는 의지와 성찰력 없이 그것이 행복이 될 리 만무하다. 『무정』의 연구사는 우리에게 그런 의지와 성찰력이 충분했던가를 자문케 한다.

『무정』의 정본을 확정하기 위해서는 가능한 대로 많은 판본들을 수집하고 그것들 사이의 차이들을 검토하는 작업이 선행되어야 한다. 즉, 지금까지 나온 『무정』의 판본들을 모두 모아서 일일이 대조하고 확인한 뒤, 최초 텍스트로부터 최근 텍스트까지의 변화 양상을 확인할 수 있는 종합적인 판본이 만들어져야 한다. (중략) 한국문학 연구의 질적 향상을 위해 이것은 하루빨리 실행되어야 한다. 그리고 그 작업에서 무엇보다 필요한 것이 성실함 이외에도 작가와 텍스트에 대한 경의敬意이어야 할 것임을, 바로 이 텍스트의 역사는 말해 주고 있다.

– 김철 · 이경훈 · 서은주 · 임진영, 「『무정』의 계보」, 『민족문학사연구』 20, 2002. 6.

4. 이광수의 『무정』 논문 읽기

① 이경훈, 「『무정』의 패션」, 『민족문학사연구』 18, 2001. 6.

② 김 철 · 이경훈 · 서은주 · 임진영, 「『무정』의 계보」, 『민족문학사연구』 20, 2002. 6.

③ 황종연, 「노블, 청년, 제국」, 『상허학보』 14, 2005. 2.

④ 김영찬, 「식민지 근대의 내면과 표상」, 『상허학보』 16, 2006. 2.

⑤ 김지영, 「『무정』의 멜로드라마적 상상력」, 『어문논집』 54, 2006. 10.

⑥ 김종수, 「근대소설 연구방법의 한 경향」, 『비평문학』 27, 2007. 12.

⑦ 김학면, 「이광수 초기문학담론과 『무정』의 '근대성' 연구」, 『한국현대문학연구』 25, 2008. 8.

⑧ 문학과사상연구회 편, 『이광수 문학의 재인식』, 소명출판, 2009.

⑨ 서영채, 「이광수, 근대성의 윤리」, 『한국근대문학연구』 19, 2009. 4.

⑩ 이광호, 「이광수 소설의 '시선 주체'와 문학사적 의미」, 『한국문예창작』 25, 2012. 8.

⑪ 박헌호 편, 『센티멘탈 이광수』, 소명출판, 2013.

⑫ 최주한, 「'번역된 (탈)근대론'으로서의 『무정』 연구사」, 『한국근대문학연구』 27, 2013. 상반기.(2013. 4)

이광수, 근대성의 윤리

수강과목 : ○○○○○○○○○
담당교수 : ○○○
소속학과 : ○○○○○○○○○
학　　번 : ○○○○○○○○○
제 출 자 : ○○○
제 출 일 : ○○○○○○○○○

이광수, 근대성의 윤리

– 서○○

차례

1. 서론

……

2. 윤리와 정치의 착종

……

……

3. 근대성의 윤리적 난관

……

……

4. 민족주의의 완성태

……

……

5. 결론

……

〈참고 문헌〉

○○○, 「『무정』의 계보」, 『민족문학사연구』 20, 2002. 6.
○○○, 「이광수, 근대성의 윤리」, 『한국근대문학연구』 19, 2009. 4.
……

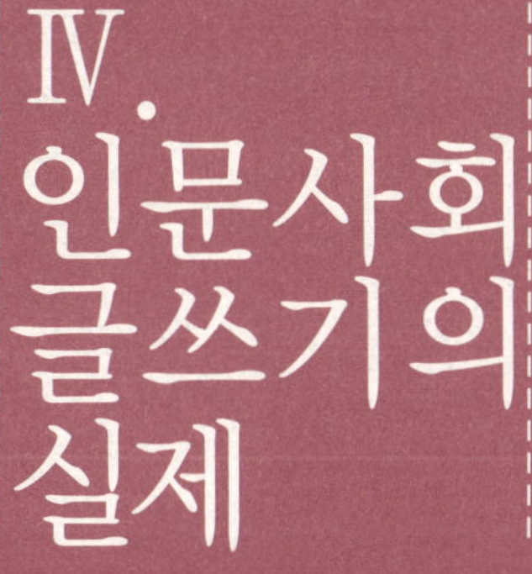

Ⅳ. 인문사회 글쓰기의 실제

"애당초 글을 쓰지 않고 살 수 있으면 좋겠지만 꼭 써야 한다면 무조건 써라. 재미없고, 골치 아프고, 아무도 읽어 주지 않아도 그래도 써라. 전혀 희망은 보이지 않고, 남들은 다 온다는 그 '영감'이라는 것이 오지 않아도 그래도 써라. 기분이 좋든 나쁘든 책상에 가서 그 얼음같이 냉혹한 백지의 도전을 받아들여라."

– 장영희, 「백지의 도전」

1 요약문 쓰기

1. 다음은 셸리 케이건의 『죽음이란 무엇인가?』의 일부이다. 이 글의 논지를 요약해 보자.

…… 한 사람이 소크라테스에게 이렇게 묻는다. "영혼이 육체적 죽음으로부터 살아남을 수 있다고 어떻게 장담할 수 있습니까? 좀 더 분명히 이야기하면, 영혼이 불멸의 존재라고 어떻게 자신할 수 있습니까?" 이 질문으로부터 소크라테스의 다양한 답변이 이어진다.

가장 먼저 '형상의 본질'에 기반을 둔 주장부터 살펴보자. 그 기본적인 개념은 간단하다. 정의, 아름다움, 선함과 같은 형상은 물리적 존재가 아니다. '정의' 그 자체, '3'이라고 하는 숫자 자체, 선함 그 자체는 물리적 존재가 아니다. 소크라테스는 바로 이런 사실로부터 우리의 이성은 그 자체로 비물질적인 존재일 수밖에 없다는 결론을 이끌어낸다. 형상이 물리적인 존재가 아니라면, 육체와 같은 물리적 존재는 결코 이를 이해할 수 없을 거라고 생각했다. 그런데 이성은 형상을 이해할 수 있으므로 비물질적인 존재이다. 즉, 이성은 영혼과 같은 존재다.

하지만 소크라테스의 이런 믿음은 우리에게 해답을 주지 못한다. 비물질적인 형상을 이해하기 위해서 인간의 이성이 비물질적인 영혼이어야 한다는 주장이 설령 옳다고 해도,

그렇기 때문에 영혼이 육체적 죽음으로부터 살아남을 수 있다고 장담할 수는 없다. 가장 중요한 마지막 결론을 이끌어 내기 위해서는, 형상이 비물질적 존재라는 사실뿐 아니라 영원히 존재한다는 사실까지 함께 입증해야 한다. 소크라테스는 형상이 갖고 있는 불멸성의 본질로부터 영혼의 불멸성을 이끌어 내고자 했다. 우리는 그의 주장을 다음과 같이 구분해 볼 수 있다.

1) 형상은 영원하며 비물질적인 존재다.
2) 이성은 형상을 이해할 수 있다.
3) 영원하며 비물질적인 존재만이 영원하며 비물질적인 존재를 이해할 수 있다.
4) 그러므로 이성은 영원하며 비물질적인 존재다.
5) 이성이 비물질적인 존재라는 것은 곧 영혼이라는 의미다.
6) 그러므로 영혼은 영원히 존재한다.

여기서 첫 번째와 두 번째 명제를 전제라고 생각해 보자. 두 전제로부터 우리는 이렇게 말할 수 있다. "인간의 이성은 영원하며 비물질적인 존재를 이해할 수 있다." 여기에 "영원하며 비물질적인 존재만이 영원하며 비물질적인 존재를 이해할 수 있다"는 세 번째 명제를 더하면 네 번째 명제인 "이성은 영원하며 비물질적인 존재"가 나온다. 이로부터 우리는 두 가지 소결론을 추가적으로 이끌어 낼 수 있다. "이성이 비물질적인 존재라는 것은 곧 영혼이라는 의미(다섯 번째 명제)"와 "영혼은 영원히 존재한다(여섯 번째 명제)"가 그것이다.

논의를 이끌어가기 위해 일단 우리는 첫 번째와 두 번째 명제를 참이라고 가정했으므로 이제 세 번째 명제부터 살펴보자. "영원하며 비물질적인 존재만이 영원하며 비물질적인 존재를 이해할 수 있다"는 말은 참일까? 이 질문을 받은 플라톤은 아마도 다음과 같이 대답했을 것이다. "형상을 인식할 수 있는 이성은 그 자체로 비물질적인 존재며, 이는 곧 영혼을 의미한다. 영혼은 형상과 마찬가지로 불멸의 존재다." 세 번째 명제를 참이라고 가정했을 때 형상에 대한 플라톤의 주장으로부터 이끌어 낼 수 있는 결론이다.

물론 플라톤은 이런 차원에서 의식적으로 세 번째 명제를 추가하지는 않았을 것이다. 그렇지만 나는 플라톤이 이 점을 분명히 알고 있었으리라고 확신한다. 소크라테스가 "불순은 순수가 될 수 없다"고 언급한 것처럼, 육체는 물리적인 존재로서 변하고 파괴되고 나타나고 사라진다.(짧은 기간 동안 존재하다가 영원히 사라진다.) 이처럼 불순한 존재는 영원하고 변하지 않으며 물리적이지 않은 형상을 이해할 수 없다. 불순은 순수에 이를 수 없는 것이다.

세 번째 명제는 우리에게 익숙한 개념에 기반을 두고 있다. 이 명제를 현대적인 언어로 설명하면 "어떤 대상을 이해하기 위해서는 먼저 그 대상이 돼야 한다"는 뜻이다. 또는 플라톤 본인이 사용한 표현을 빌려 "유사한 존재만이 그 유사한 존재를 이해할 수 있다"와 같은 말이다.

(중략)

그러나 안타깝게도 이 세 번째 명제를 참이라고 주장할 만한 타당한 근거는 없다. "어떤 것을 알기 위해서는 그것이 돼야 한다"는 말은 대단히 유명한 명제지만 잘못된 주장이다. 예를 들어 보자. 생물학자는 고양이를 연구할 수 있다. 그런데 이 명제에 따른다면 고양이를 알기 위해서 생물학자는 스스로 고양이가 돼야 한다. 말도 안 되는 소리다. 고양이가 되지 않고서도 얼마든지 고양이를 연구할 수 있다. 또한 이 명제에 따른다면 캐나다 사람은 절대로 멕시코 사람을 연구할 수 없다. 이것 역시 어리석은 생각이다. 캐나다 사람도 얼마든지 멕시코 사람을 연구할 수 있고, 독일 사람도 프랑스 사람을 연구할 수 있다. 프랑스인을 연구하기 위해 프랑스인이 될 필요는 없는 것이다. 어떤 대상이 되지 않고서도 우리는 얼마든지 그 대상을 이해할 수 있다.

– 셸리 케이건, 박세연 역, 『죽음이란 무엇인가?』, 엘도라도, 2012, 116–119쪽.

2. 다음은 폴 크루그먼의 『미래를 말하다』의 일부이다. 이 글의 논지를 요약해 보자.

소득 불균형이 심해진 데 대한 일반적인 설명은 (사회에 물의를 일으키지 않고 싶어하는 사람들이 선호하기 때문에 안전한 설명이라고 해도 좋을 것이다) 숙련된 노동자들에 대한 수요가 늘었기 때문인데, 이는 주로 기술 면에서 큰 변화가 있었기 때문이라는 것이다.

(중략)

PC나 휴대용 전화기, 근거리 통신망, 인터넷 등 정보기술 발달로 새로운 도구를 조립하고 제도를 구축하며 운영하고 고치는 훈련을 공식적으로 충분히 받은 사람들에 대한 수요가 증가했다. 동시에 판에 박힌 일을 하던 노동자들의 자리는 줄어들었다.

(중략)

숙련된 노동자들에 대한 수요가 증가시킨 기술 발전이 소득 불균형을 악화시켰다는 가설이 너무나 광범위하게 받아들여져 경제학자들의 모임에서는 모두가 알 것이라는 가정 아래 SBTC(skill-biased technical change, 숙련 편향적 기술변화)라는 약어가 특별한 설명도 없이 자주 사용되고 있다. 이 가설이 매력적인 데는 세 가지 이유가 있었다. 첫 번째 이유는 시기적으로 잘 맞았다. 컴퓨터를 활용하고 응용하는 기술이 폭발적으로 증가한 시기와 소득 불균형이 증가하는 추세가 맞아떨어졌다. (중략) 두 번째, SBTC는 경제학자들에게 익숙한 가설이기 때문이었다. 이 가설은 수요와 공급만으로 설명이 되었다. 경제학자들이 가설에 반영하기 어려워하는 제도나 규범, 정치권력 같은 사회학 분야의 개념을 끌어들일 필요도 없었다. 마지막으로 세 번째 이유는 SBTC 가설에 따르면, 불균형의 증가는 보이지 않는 손을 통해 기술이 작용한 결과였을 뿐, 그 누구의 탓도 아니었기 때문이다.

그러나 놀랍게도 기술 발전이 소득 불균형을 초래했다는 주장을 뒷받침할 만한 직접적인 증거는 거의 없었다. 사실 시장에서 기술의 효과를 측정하는 것은 쉽지 않았다.

(중략)

정말 중요한 것은 숙련 편향적 기술변화와 이민, 그리고 늘어나는 국제무역은 기껏해야 저학력 노동자들과 고학력 노동자들 간의 소득격차가 증가하는 상황을 설명하는 역할밖에 못 한다는 것이다. 래지어를 비롯한 많은 학자들이 위와 같은 주장을 하지만, 이는 단지 소득격차가 증가하는 원인의 일부일 뿐이다. 고학력 노동자들의 임금이 오른 것은 사실이지만, 대학을 졸업한 사람들조차 그들의 임금상승이 생산성 증가에 미치지 못한다는 것을 목격하고 있다. 예를 들어 지금과 1973년 대학교육을 받은 노동자들의 임금에 따라 일렬로 세워 중앙값에 해당하는 사람의 임금을 비교해 보면 17%밖에 증가하지 않았다는 주장이 가능하다.

이런 결과가 나온 이유는 대폭 상승한 소득이 적당히 보수가 다수 그룹이 아니라 거액을 받는 소수 그룹에게만 돌아갔기 때문이다. 일반적으로 어마어마한 소득을 벌어들이는 사람들은 고학력자들이지만, 그들이 취한 이득이 전체 고학력자들의 이득을 대표하는 것은 아니다. CEO들이나 학교 선생님들은 모두 석사학위를 소지한 경우가 많지만 학교 선생님들의 소득은 1973년 이후 크게 증가하지 않은 반면, CEO들의 소득은 1970년대 일반 노동자들의 30배에서 현재는 300배 이상으로 증가했다.

고학력자 대부분도 임금 상승률이 평균 이하였고, 극소수의 임금만 대폭 상승했다는 견해는 숙련 편향적 기술 변화가 소득 불균형을 초래했다는 가설을 무색하게 만들고, 오히려 노동조합의 영향력과 같은 제도 또는 상사의 월급이 일반직원들의 그것보다 너무 높으면 직원들의 사기가 저하될 수 있다는 것과 같은 (한때는 강력했지만 지금은 약해진) 규범상에서 일어난 변화로 인해 소득불균형이 높아졌다는 주장을 뒷받침해 준다.

- 폴 크루그먼, 예상한 외 역, 『미래를 말하다』, 현대경제연구원BOOKS, 2008, 167-174쪽.

3. 다음은 데카르트의 『성찰』의 일부이다. 이 글을 요약해 보자.

성찰 2 인간의 정신의 본성에 관하여; 정신은 신체보다 인식되기가 더 쉽다는 것

어제 내가 한 성찰은 나를 아주 많은 의심 속으로 던졌으므로 나는 이제 그것들을 잊을 수가 없다. 또 나는 어떻게 그 의심들을 해소시킬 수 있는지 모른다. 나는 마치 갑자기 깊은 물 속에 빠져 허둥지둥하여 발을 밑바닥에 대지도 못하고, 헤엄을 쳐서 수면에 떠오르지도 못하는 것과 같은 형편에 있다. 그렇지만 나는 힘을 내련다. 그리고 어제 들어선 길을 그대로 따라가련다. 즉, 조금이라도 의심할 수 있는 것은 그것이 아주 거짓된 것임을 내가 확실히 알고 있는 경우처럼 모두 멀리하련다. 그리고 마침내 어떤 확실한 것은 하나도 없다고 하는 것만은 확실한 것으로 인식하는 데까지 이 길을 계속하여 더듬어 가련다.

아르키메데스는 지구 전체를 그 장소로부터 다른 곳으로 이동시키기 위하여 하나의 확고부동한 점밖에는 아무것도 구하지 않았다. 그와 같이 나도 다행히 단 한 가지 것이라도 확실하고 의심할 여지가 없는 것을 발견한다면, 큰 희망을 품어도 괜찮을 듯싶다.

그러므로 나는 내가 모든 것이 거짓되다고 가정한다. 망상으로 가득 찬 기억이 나에게 보여 주는 것은 모두 결코 존재한 적이 없었다고 믿기로 한다. 아무 감각 기관도 가지고 있지 않다고 생각하기로 한다. 물체 · 모양 · 연장 · 운동 · 장소는 환영일 따름이라고 믿기로 한다. 그렇다면 참된 것은 무엇인가? 아마 이 한 가지, 즉 확실한 것은 하나도 없다는 것이리라.

그러나 방금 위에서 내가 든 것들과는 다른 것으로서 조금도 의심할 수 없는 것은 하나도 없다는 것을 나는 어떻게 아는 것일까? 어떤 하느님이, 혹은 하느님이라 부르는 것이 마땅치 않으면 어떤 이름으로 불러도 괜찮은데, 어떤 전능자가 이러한 생각들을 내 속에 넣어 주는 것은 아닐까? 그러나 왜 나는 하느님을 여기다가 끌어들이는 것일까? 아마 나 자신이 이러한 생각의 작자일 수 있는데, 그렇다면 적어도 나는 어떤 것이 아닐까? 그러나 나는 이미 내가 어떤 감각 기관과 신체를 가지고 있다는 것을 부정하였다. 하지만 나는 여기서 무엇이 귀결될까 하면서 주저한다. 나는 신체나 감각 기관에 매여 있어서 이것들 없이는 현존할 수 없는 것이 아닐까? 그러나 나는 세계 안에는 아무것도 없으며, 하늘도 땅도 정신도 물체도 없다고 나 자신을 설득하였다. 그렇다고 하면 나도 없다고 설득한 것이 아니었던가? 결코 그렇지는 않다. 내가 나 자신에게 어떤 것을 설득했다고 하며, 확실히 나는 있었다. 그러나 누군지는 모르지만 아주 유능하고 아주 교활한 기만자가 있어서, 온갖 재주를 부려 항상 나를 속이고 있다. 그렇지만 그가 나를 속인다고 하면, 내가 있다는 것은 의심할 여지가 없는 일이다. 그가 마음껏 나를 속이게 하라. 그러나 내가 나 자신을 어떤 무엇이라고 생각하고 있는 동안은 그는 결코 나를 아무것도 아닌 것이 되게 할 수는 없다. 이리하여 여기 대해서 충분히 생각하고 모든 것을 주의 깊게 살펴보고 나서 다음과 같이 결론짓지 않을 수 없다—**나는 있다, 나는 현존한다**라는 명제는 내가 이것을 말할 때마다 혹은 정신에 의해 파악할 때마다 필연적으로 참이라고.

– 르네 데카르트, 최명관 역, 『방법서설 · 성찰 · 데까르뜨 연구』, 서광사, 1983, 82–83쪽.

4. 다음은 브루스 액커만 외, 『분배의 재구성 : 기본소득과 사회적 지분 급여』의 일부이다. 이 글의 논지를 요약해 보자.

… 기본소득이 일반적인 최소소득보장제도와 동일한 수준으로는 실현 가능하지 않다고 주장할 이유가 있는가? 한 가지 확실한 이유로는, 일반적인 최소소득보장제도가 노동능력조사willingness-to-work test를 통과한 사람에게만 급여를 지급하는 것에 비해, 기본소득은 노동능력에 상관없이 모든 사람들에게 급여를 지급하기 때문이라는 것이다. 따라서 빈자들은 일반적인 최소보장소득보다는 기본소득을 받으려고 할 것이며, 노동을 조건으로 하는 급여시스템에서보다 더 적은 일을 하려고 할 것이다. 순수한 의미에서, 기본소득제도에 분명 더 많은 비용이 소요된다.

구직수당 대 국가지원 워크페어 : 하나의 딜레마 자세히 살펴보면, 앞의 예상은 그 근거가 빈약하다. 노동능력조사를 어떤 (민간의 또는 공공의) 고용주가 일자리를 제안한다면 이를 받아들일 의무라고 가정해 보자. 만약 노동자가 이 일자리를 받아들이거나 유지할 생각이 없다면, 그의 예상되는 그리고 실제의 생산성은 고용주가 그를 고용하거나 고용상태를 유지하려고 할 만큼 높지 않을 것이다. 한편 그 노동자가 공식적으로 일을 할 수 있는 상태인데도 고용되어 있지 않다거나 해고된 상태라면(위법행위와 같은 이유 때문이 아니라 너무 낮은 생산성 때문에), 그로부터 무조건적 기본소득에 대한 자격을 박탈할 수 없는 것과 마찬가지로 노동능력평가를 수반하는 최소보장소득에 대한 자격 또한 박탈할 수 없는 것이다. 최소소득보장제도와 기본소득의 유일한 차이는 최소소득보장제도가 고용주와 노동자의 시간낭비를 초래한다는 것뿐이다. 이번에는 노동능력평가를 국가가 제공하는 저임금의 대체일자리를 받아들일 의무라고 가정해 보자. 고용 가능하지도 않고 근로동기도 없는 사람들을 모으는 일은 생산성 향상을 위한 처방이 되지 못한다. 그리고 이들이 공공부문의 사기와 이미지에 미치는 장기적인 손상을 제외하더라도, 이런 고집스러운 인간을 워크페어workfare(역자주 : 근로를 조건으로 복지급여를 제공하는 제도)라는 틀에 끼워 맞추는 데 소요되는 순수비용만 해도 매우 클 것이다. 관리감독비용과 일하기 싫어하는 노동자들이 생산품에 남긴 실수들을 교정하는 비용까지 감안한다면, 일반적인 감옥의 유지비용과 거의 비슷할 것이다. 노동능력평가의 경제적 문제는 감옥의 경제적 문제만큼이나 엄청나다.

게으른 자에게 주는 것이 비용이 덜 든다 현실적인 워크페어 옹호론자들이 잘 인식하고 있듯이, 만약 노동능력조사를 부과해야 한다면 이는 도덕적이고 정치적인 이유에서 정당화되어야 한다. 즉, 노동과 결합된 급여가 그렇지 않은 급여보다 반드시 비용이 덜 든다는 근거 없는 가정에 근거하여 정당화되어서는 안 된다. 그런데 워크페어가 사회복지보다 비용이 더 든다는 사실이 '고용 가능성이 없는 사람들'이 고립과 무위에 남겨져야 함을 의미하는 것은 아니다. 이들을 고립과 무위로부터 탈출시킬 수 있는 방법이 있을 수 있고 또 있어야 하는데, 이는 기본소득이 목표로 하는 그리고 노동능력조사가 수반되든 그렇지 않든 일종의 적절한 동기와 기회의 구조를 창출함으로써 가능하다. 이러한 구조를 정립하는 것은 비용이 든다. 하지만 노동능력평가를 부과하는 것이 결코 비용이 덜 들지는 않는다. 오히려 그 반대이다. 따라서 노동능력조사가 없다는 것이 기본소득의 실현 가능성을 위협하지는 못한다.

– 브루스 액커만 외, 너른복지연구모임 역, 『분배의 재구성 : 기본소득과 사회적 지분 급여』, 나눔의 집, 2010, 41–43쪽.

2 평가문 쓰기

1. 다음은 조지 애커로프 · 로버트 쉴러의 『야성적 충동 : 인간의 비이성적 심리가 경제에 미치는 영향』의 일부이다. 이 내용을 평가하는 글을 써 보자.

칼 사피로와 조셉 스티글리츠의 실업이론은 기업이 노동자들을 완벽하게 감독할 수 없다는 관찰에 기반을 둔다. 이 사실은 노동자들에게 선택권을 준다. 그들은 열심히 일하거나 게으름을 피울 수 있다. 태업의 경우 발각되면 해고당하기 때문에 위험성이 따른다. 사피로와 스티글리츠는 거기서 하나의 통찰을 얻었다. 그것은 노동자들이 노동 강도를 선택할 수 있는 경제에서는 평형상태의 실업이 발생한다는 것이다. 왜 그럴까? 실업이 없고 모든 기업이 같은 임금을 지불한다면 노동자들은 힘들게 일할 이유를 찾지 못할 것이다. 실업이 없기 때문에 그들은 태업을 하다가 해고당해도 잃을 것이 없다. 단지 다른 회사를 찾아가서 전과 같은 일자리를 얻으면 된다. 그래서 사용자들은 태업을 방지하기 위해 추가적인 인센티브를 제공해야 한다. 사피로와 스티글리츠에 따르면 이 인센티브는 노동의 공급과 수요가 일치하고 모든 노동자가 즉시 일자리를 구할 수 있는 수준보다 높은 추가 임금의 형태를 취한다. 그리고 평형상태에서 모든 기업들이 추가 임금을 지불하면 실업이 발생하게 된다.

이 이론은 경제학자들 사이에서 가장 많은 인기를 얻고 있다. 사피로와 스티글리츠는 수학적으로 명쾌하게 이론을 제시했다. 이 이론에서 기업이나 노동자는 경제학자들이 모든 경제적 행동의 근본에 있어야 한다고 생각하는 냉정한 경제적 계산 외에 다른 동기를 갖고 있지 않다. 주로 그러한 이유 때문에 이 모델은 대학원생들이 거시 경제학 강의에서 배우는 내용과 잘 맞는다. 우리의 경험에 따르면 이 모델을 통해 학생과 교수가 모두 만족할 수 있는, 상당히 충실한 강의가 가능하다. 대부분의 학생들은 어렵게 배운 수학적 수단이 실제로 실질적이고 긴급한 사회적 문제를 설명할 수 있다는 사실에 기뻐할 것이다.

우리도 사피로와 스티글리츠의 모델을 좋아한다. 이 이론은 일정한 진실을 담고 있다. 가령 실업률이 떨어지면 태업의 한 가지 형태인 결근이 늘어난다.

그러나 호랑이에 올라탄 사람은 결국 잡아먹히게 되어 있다. 실업을 설명하는 근거인 냉정한 경제적 동기는 이 이론의 약점이기도 하다. 왜 그럴까? 많은 경제학자들(스스로 사피로와 스티글리츠보다 똑똑하다고 생각하는)은 노동자들이 돈과 노력만 고려한다면 사용자들이 보다 이득을 볼 수 있는 인센티브제도를 고안할 것이기 때문에 시장 청산 수준보다 높은 임금은 형성되지 않는다고 지적했다. 가령 스티글리츠에 이어 경제자문위원회 위원장이 된 에드워드 라지어는 연공서열제도가 태업을 방지하는 대안적인 인센티브를 제공한다는 점을 보여주었다. 이 경우 태업을 하다가 걸려서 해고되면 기존 직장에서 근속연수를 통해 누렸던 모든 혜택을 잃게 된다. 보다 중요한 사실은 고등교육을 받은 노동자는 해고당하여 만약 평판에 손상을 입으면 상당히 많은 것을 잃게 된다는 것이다. 대학을 졸업하기 위해 썼던 학비는 물론이거니와 공부에 들였던 모든 노력이 수포로 돌아갈 위험이 있다. 따라서 사피로와 스티글리츠의 효율성임금이론은 순전히 경제적인 동기를 제시한다는 점에서 경제학자들 사이에서 인기가 좋을지 모르지만 많은 거시경제학자들은 바로 그 점 때문에 회의적인 입장을 보인다.

– 조지 애커로프 · 로버트 쉴러, 김태훈 역, 『야성적 충동』, 랜덤하우스, 2009, 169–171쪽.

2. 다음은 에리히 프롬의 『소유냐 존재냐』의 일부이다. 이 내용을 평가하는 글을 써 보자.

1. 학습

삶의 소유양식에 젖어 있는 학생들은 귀를 기울여 강의를 듣고, 그 말의 논리적 구조와 의미를 이해하며, 가능한 그 말을 모두 그들의 루스리프식 노트에 적는다 — 후에 필기한 것을 암기하여 시험에 합격할 수 있도록 하기 위해서다. 그러나 그 내용이 그들 자신의 개인적인 사상체계의 일부가 되어 그것을 풍요롭게 하거나 확장시키진 못한다. 학생들은 그 대신에 그들이 들은 말을 사상, 혹은 전체적인 이론의 고정된 몇 가지 집합으로 변모시켜 그것을 저장한다. 학생과 강의내용은 서로 무관한 채 동떨어져 있으며, 다만 학생 각자가 어떤 다른 사람의 진술(그 사람이 스스로 창조했거나 아니면 다른 전거에서 차용한)의 집적의 소유자가 되어 있을 뿐인 것이다.

소유양식을 가지고 있는 학생은 단 한 가지 목표밖에 갖고 있지 않다. 그것은 즉 '배운 것'을 고수하는 일이며, 그러기 위해서 그들은 그것을 단단히 기억하거나 노트를 소중히 보존한다. 그들은 어떤 새로운 것을 만들어 내거나 창조할 필요가 없다. 사실 '소유'형의 사람들은 어떤 주제에 관한 새로운 사상이나 관념에 접하면 오히려 당황한다. 왜냐하면 새로운 것은 그들이 가지고 있는 고정된 양의 정보에 의문을 제기하기 때문이다. 실제로 소유를 세계와 관계를 맺는 주요한 형태로 삼고 있는 사람에게는 쉽게 핀으로 고정(혹은 펜으로 고정)시킬 수 없는 관념은 두려운 것이다 — 성장하고 변화하며, 따라서 지배할 수 없는 다른 모든 것과 마찬가지로.

학습의 과정은 세계에 대하여 존재양식으로 관계를 맺고 있는 학생에게 있어서는 전혀 다른 특질을 가지고 있다. 우선 그들은 일련의 강의에, 설령 그것이 첫 번째 강의라 할지라도 백지상태로 출석하지는 않는다. 그들은 그 강의가 다룰 문제를 미리 짐작하고 있기 때문에 그들의 머릿속에는 그들 나름의 어떤 의문과 문제가 있다. 그들은 그 제목에 대해서 충분히 생각했기 때문에 그것에 관심을 가지고 있다. 그들은 스스로 말과 관념의 수동적인 저장소가 되는 대신에 귀를 기울이고 '듣는다'. 그리고 이것이 가장 중요한 것이지만, 능동적이고 생산적인 방법으로 그들은 '받아들이고' '반응한다'. 그들이 귀를 기울이는 것은 그들 자신의 사고과정을 자극한다. 새로운 의문, 새로운 관념, 새로운 전망이 그들 머릿속에 생긴다. 그들이 귀 기울이는 행위는 하나의 살아 있는 과정이다. 그들은 관심을 가지고 귀를 기울이며 강사의 말을 듣고 들은 것에 반응하여 자발적으로 생명을 얻는다. 그들은 단지 집으로 가져가서 기억할 수 있는 지식을 습득하지는 않는다. 학생 개개인이 강의를 통하여 영향을 받고 변화하는 것이다. 학생 개개인은 강의를 들은 뒤에는 강의를 듣기 전의 그 혹은 그녀와는 다른 인간이 되어 버린다. 물론 이러한 양식의 학습은 강의가 자극적인 재료를 제공할 때에 비로소 효과를 나타낼 수 있다. 존재양식에서는 공허한 이야기는 아무런 반응도 얻을 수 없으며, 그러한 경우 존재양식을 가지고 있는 학생들은 전혀 귀를 기울이지 않고 그들 자신의 사고과정에만 전념하는 것이 가장 좋은 태도임을 알고 있다.

– 에리히 프롬, 최혁순 역, 『소유냐 존재냐』, 범우사, 1999, 54–55쪽.

3. 다음은 장하준의 『장하준의 경제학 강의』의 일부이다. 이 내용을 평가하는 글을 써 보자.

이런 기본적인 측면을 제외하면 애덤 스미스 시대의 자본주의와 현대의 자본주의는 닮은 점이 거의 없다. 생산 수단의 개인 소유, 이윤 추구, 임금 노동, 시장 교환 등 자본주의의 핵심적 성격이 현실에 적용되는 형태가 엄청나게 달라졌기 때문이다.

자본가들이 다르다

애덤 스미스 시절에는 대개 자본가 한 명이 단독으로, 혹은 서로를 잘 알고 이해하는 소수의 자본가들이 합명 회사를 만들어 공장이나 농장을 소유하고 운영했다. 이 자본가들은 생산 과정에 직접 개입했다. 공장에 직접 나가 노동자들을 진두지휘하면서 욕하고 때리는 일도 다반사였다.

이와 달리 현대의 공장은 대부분 '비자연인', 즉 기업이 소유하고 운영한다. 기업은 법적인 의미에서만 '사람'이다. 그리고 기업의 주식을 사서 부분 소유권을 가지게 된 수많은 개인들의 것이다. 그러나 주식을 소유한다고 해서 그 사람이 고전적인 의미의 자본가가 되는 것은 아니다. 내가 폭스바겐사의 3억 주 중 300주를 가지고 있다고 해서 비행기를 타고 아무 때라도 독일 볼프스부르크에 이는 '내 소유'의 공장에 가서 노동자들의 노동 시간 중 '내 소유'인 100만분의 1 동안 그들에게 이래라저래라 할 수는 없다. 대기업의 경우 소유권과 경영은 거의 완전히 분리되어 있다.

현대의 대규모 기업은 소유주들이 대부분 유한 책임을 진다. 유한 책임 회사나 주식회사 형태로 기업을 운영하다가 뭔가 잘못되면 주주들은 자기가 투자한 돈만 손해 보고 끝난다. 그러나 애덤 스미스 시대에 기업을 운영하던 대부분의 기업 소유주들은 무한 책임을 져야만 했다. 운영하던 기업이 실패하면 개인 자신까지 모두 팔아 빚을 갚아야 했고, 그래도 부족하면 채무자 감옥 신세를 져야 했다.[1] 애덤 스미스는 유한 책임 원칙에 반대했다. 기업을 소유하지 않고 유한 회사를 운영하는 사람들은 '다른 사람의 돈'[2]을 가지고 게임을 하는 것이나 마찬가지이고, 따라서 자기가 가진 모든 것을 걸어야 하는 사람들에 비해 운영을 철저히 하지 않을 것이라는 논리였다.

소유권의 형태와 상관없이 기업의 구조 자체도 많이 달라졌다. 애덤 스미스 시대 대부분의 기업은 규모가 작고 한 곳에서 모든 것이 생산되는 체제로, 현장 감독 몇 명과 평범한 노동자들로 이루어진 단순한 명령 체계를 가진 곳이었다. 여기에 당시 고용 경영인을 일컫는 '관리인'이 한 명 정도 있었을 것이다. 반면에 현대의 기업들은 수만 명, 심지어 전 세계에 걸쳐 수백만 명의 노동자를 거느린 거대한 조직인 경우가 많다. 예를 들어 월마트는 210만 명을 고용하고 있고, 맥도널드는 프랜차이즈[3]를 포함하면 약 180만 명을 거느리고 있다. 이런 기업들은 복잡한 내부 구조와 다양한 분과, 이익 책임 단위, 반자율적으로 돌아가는 조직 등으로 이루어져 있고, 복잡한 자격 요건과 임금 구조로 얽히고설킨 관료적 명령 체계에 따라 움직인다.

– 장하준, 김희정 역, 『장하준의 경제학 강의』, 부키, 2014, 41–42쪽.

---

1) 식민지 확장과 같이 국가적으로 중요하고 위험 부담이 큰 사업을 하는 경우(영국과 네덜란드의 동인도 회사 등)나 대규모 은행업 등 소수의 기업들은 유한 책임으로 운영하는 것이 허용되었다.
2) '다른 사람의 돈'은 애덤 스미스가 직접 쓴 표현으로, 이후 유명한 연극의 제목이 되었다. 이 연극은 1991년에 대니 드 비토를 주연으로 영화화되기도 했다.
3) 프랜차이즈는 더 큰 기업의 브랜드와 공급선을 이용하는 독립 기업들을 말한다. 더 큰 기업들이 직접 운영하는 지사와 구분된다.

4. 다음은 아리스토텔레스의 『니코마코스 윤리학』의 일부이다. 이 내용을 평가하는 글을 써 보자.

…… 하지만 행복이 최상의 좋음[=최고선]이라는 주장은 아마 일반적으로 동의될 것으로 보이긴 해도, 보다 분명하게 행복이 무엇인지를 이야기하는 것이 요구된다. 그런데 인간의 기능이 무엇인지 파악된다면, 아마 이것이 이루어질 것 같다. 피리 연주자와 조각가, 그리고 모든 기술자에 대해서, 또 일반적으로 어떤 기능과 해야 할 행위가 있는 모든 사람에 대해서, 그것의 좋음과 '잘함'은 기능 안에 있는 것처럼 보인다. 그처럼 인간의 경우에도 인간의 기능이 있는 한, 좋음과 '잘함'은 인간의 기능 안에 있을 것 같아 보인다.

그러니 목수와 제화공은 어떤 기능과 행위들을 가지고 있지만 인간은 아무런 기능도 가지고 있지 않으며 본래 아무 할 일도 없는 존재라고 할 수 있을까? 아니면 눈이나 손, 발, 그리고 일반적인 각각의 부분들이 어떤 기능을 가지고 있듯이 그렇게 인간에게도 이 모든 기능들 외에 어떤 기능이 있다고 상정해야 할까? 그렇다면 그것은 대체 무엇일까? 산다는 것은 심지어 식물에게까지 공통되는 것으로 보이지만 우리는 [인간에게만] 고유한 것을 찾고 있으니 말이다. 그러므로 영양을 섭취하고 성장하는 삶은 갈라내야 할 것이다. 다음으로는 감각을 동반하는 삶이 뒤따를 것이지만 이것 또한 분명 말과 소, 모든 동물들에게 공통되는 삶이다.

그렇다면 이제 남게 되는 것은 이성logos을 가진 것의 실천적 삶이다. 이성을 가진 것의 한편은 이성에 복종한다는 의미에서, 다른 한편은 그 자체 이성을 가지고 사유한다는 의미에서 '이성을 가진 것'이다. 또 이러한 삶 역시 두 가지 방식으로 이야기되기에, 우리가 여기서 찾고 있는 삶은 활동energia에 따른 삶이라고 해야 할 것이다. 그 삶이 더욱 진정한 의미에서의 삶이라고 이야기되는 것 같으므로.

인간의 기능을 이성에 따른 영혼의 활동 혹은 이성이 없지 않은 영혼의 활동이라고 상정할 수 있을 것이다. 또 어떤 기능을 수행하는 자나 그 기능을 훌륭하게 수행하는 자나 종류상 동일한 기능을 가지고 있다고 상정할 수 있을 것이다. 예를 들어 기타라 연주자와 훌륭한 기타라 연주자의 경우 종류상 동일한 기능을 가지고 있고, 다른 모든 경우에도 단적으로 그러하듯이 탁월성에 따른 우월성이 기능에 부가될 것이다. (기타라 연주자의 기능은 기타라를 연주하는 것이지만 훌륭한 기타라 연주자의 기능은 기타라를 잘 연주하는 것이니까.) 만약 그렇다고 한다면, [우리는 인간의 기능을 어떤 종류의 삶으로 규정하고, 이 삶을 다시 이성을 동반하는 영혼의 활동과 행위로 규정한다. 따라서 훌륭한 사람의 기능은 이것들을 잘, 그리고 훌륭하게 행하는 것이다. 그래서 각각의 기능은 자신의 고유한 탁월성에 따라 수행될 때 완성되는 것이다. 만약 그렇다고 한다면] 인간적인 좋음은 탁월성에 따른 영혼의 활동일 것이다. 또 만약 탁월성이 여럿이라면 그중 최상이며 가장 완전한 탁월성에 따르는 영혼의 활동이 인간적인 좋음일 것이다. 더 나아가 그 좋음은 완전한 삶 안에 있을 것이다. 한 마리의 제비가 봄을 만드는 것도 아니며 [좋은 날] 하루가 봄을 만드는 것도 아니니까. 그렇듯 [행복한] 하루나 짧은 시간이 지극히 복되고 행복한 사람을 만드는 것도 아니다.

– 아리스토텔레스, 강상진 · 김재홍 · 이창우 역, 『니코마코스 윤리학』, 길, 2011, 29–30쪽.

3 이어 쓰기

1. 다음은 이현우의 「욕망에 솔직해지는 고전 읽기」이다. '돈키호테'형 인물과 '햄릿'형 인물이 탄생하게 된 배경을 주목하며 이 글을 읽어 보자. 또 원전 『돈키호테』를 다시 읽어 본 후, 이 글 뒤에 이어질 글을 써 보기로 하자.

『돈키호테』 그 숭고한 광기에 대하여

세르반테스의 소설 『돈키호테』, 좀 긴 원제로는 『기발한 시골 양반 라만차의 돈키호테』는 주인공 돈키호테의 광기에 대한 묘사로 시작합니다. 기사도 소설을 밤낮으로 읽어댄 나머지 소설 이야기들과 현실이 더 이상 구분되지 않는 주인공이 방랑기사의 여정에 오르는 이야기입니다. 그러니까 그의 방랑 혹은 편력과 함께 이야기가 시작되고 그 여정이 마무리되면서 소설도 끝이 나는 구조입니다. 주인공의 광기와 함께 이야기가 시작되고 그 영정이 마무리되면서 소설도 끝이 나는 구조입니다. 주인공의 광기와 함께 이야기가 시작된 거라면, 자연스레 그가 제정신을 차리면서 이야기는 종결될 거라 짐작해 볼 수 있습니다. 실제로 그렇게 됩니다. 그렇다면 이 소설은 광기의 의미에 대해서 질문을 던지는 소설로도 읽을 수 있습니다. 무엇이 광기이며, 그것은 우리를 어떻게 변화시키는가. 같은 질문을 던져볼 수 있는 거지요.

그런 관점에서 세계 문학사에서 가장 유명한 작품 중의 하나인 『돈키호테』를 읽어 보도록 하겠습니다.

먼저 흥미로운 사실부터 말씀드리고 싶습니다. 셰익스피어와 세르반테스가 동시대 작가이고, 같은 날 죽었다는 사실입니다. 1616년 4월 23일입니다. 이 날을 기념한 것이 1995년 유네스코에서 지정한 '세계 책의 날'입니다. 상당히 의미심장한 우연의 일치입니다. 그런 우연을 제쳐놓고라도 햄릿과 돈키호테는 같이 호명되는데, 투르게네프라는 러시아 작가의 유명한 문학 강연(1860) 때문입니다. 사람을 햄릿형과 돈키호테형으로 구분하는 경우가 있는데, 그렇게 두 가지 유형으로 처음 구분한 사람이 바로 투르게네프입니다. 햄릿은 사색가형, 돈키호테는 행동가형이라고 했죠. 물론 이렇게 둘로 나누는 건 지나친 단순화라고 말하기도 합니다. 사실 햄릿이나 돈키호테도 복잡한 인물들이니까요. 하지만 투르게네프는 단순히 유명한 두 주인공에 대해서 얘기하고 싶었던 게 아니라, 거기에 사회적 의미를 부여하고자 했어요. 당시 러시아에는 햄릿형 사색가만 너무 많다는 게 그의 문제의식이었고, 돈키호테형 행동가가 더 많이 필요하다고 생각했습니다.

러시아 소설에서 햄릿형 인간을 통상 '잉여인간'이라고 부릅니다. (중략) 손창섭의 단편 『잉여인간』도 그 영향을 받은 것입니다. 우리나라에서는 '무용자', '쓸모없는 인간'이라고 번역되기도 합니다. 잉여인간은 생각은 많지만 행동은 결여된 지식인, 유약한 인텔리겐치아를 가리키는 말이었습니다. 햄릿형과 돈키호테형 사이에 우열 관계가 있는 것은 아닌데, 요즘 사람들은 햄릿형 쪽으로만 편중되어 있으니까 돈키호테처럼 행동하는 인간이 필요하다고 투르게네프는 말했던 거고요. 하지만 『돈키호테』를 읽어 보면, 기사도, 즉 방랑기사로서의 사명감에 과도하게 몰입해 있는 것 말고는 돈키호테란 인물이 대단히 사색적이고 현명합니다.

– 이현우, 『아주 사적인 독서』, 웅진 지식하우스, 2013, 160–162쪽.

2. 다음은 채운의 『글쓰기와 반시대성, 이옥을 읽는다』이다. 이 글에서 정약용의 삶과 '글쓰기-사유과정'이 어떻게 연결되고 있는지 살펴본 후 '글쓰기의 의의'를 이어서 서술해 보자.

세상의 끝에서 세상을 만나다-유배와 여행

1996년, 왕자웨이王家衛는 영화 〈해피 투게더〉를 찍기 위해 홍콩과 대척점에 있는 부에노스아이레스로 날아간다. 영화 속의 이야기가 끝나는 시점이자 영화가 발표된 1997년 그해. 영국의 소유였던 홍콩이 중국 본토로 반환되었다. 같은 땅이지만 다른 공간이 되었을 때. 그곳에서 살고 생각하고 영화를 찍는다는 건 무엇일까. 이 질문을 품고 왕자웨이는 홍콩과 정반대편에 위치한 곳으로 떠났던 것. 메이킹 필름의 한 독백에서 그는 말한다. "난 거기서 유배의 느낌을 배웠다"고. 위도 아래도, 좌도 우도, 뜨거운 것도 차가운 것도 아닌 제로 디그리. 그 영도零度, 뒤집힌 땅에서 자기가 떠나온 곳을 보기. 공간이 바뀌면 모든 것이 바뀐다. 시간의 흐름이 단절되고, 관계의 불연속, 정서와 사유의 단층이 형성된다. 때문에 영도-유배지로의 추방은 우선 '텅 빔', 지독한 고독의 경험이지만, 반대로 새로운 채움의 계기가 되기도 한다.

조선에서 '유배형'은 사형 다음 가는 중형이었다. 물론 실제로 적용된 양상은 다양하다. 세도가의 인물인 경우엔 유배형이 잠깐의 '외유'처럼 이뤄지기도 했고, 중죄가 아닌 한 유배지가 외부로부터 차단된 오지인 경우는 드물었다. 하지만 세력이 없거나 죄가 중하다고 판단되는 경우엔 제주도나 진도, 추자도 같은 섬으로 유배되었으며, 유배지에서도 거주가 제한되었던 안치安置의 경우에는 외부와의 차단을 철저히 금함으로써 말 그대로 고립무원孤立無援, 두문불출杜門不出의 상태를 강제했다. 그러나 '유배'자체가 불러오는 고립감과 단절감은 매한가지였을 것. 기존의 관계가 거세되고, 자유로운 소통이 제한된 유배지에서 지식인들이 글쓰기에 몰두하게 되는 건 어쩌면 필연적인 건지도 모르겠다. 글을 쓴다는 것 자체가 관계를 향한 열망에서 비롯되기 때문이다. 유배지에서 글쓰기는 고독과의 대화인 동시에, 이 영도에서 새로운 관계를 복원 혹은 재구성하려는 의지의 몸짓이 아니었을까.

유배지에서의 글쓰기를 생각할 때 가장 먼저 떠오르는 인물은 뭐니뭐니해도 '유배의 아이콘' 다산 정약용이다. 다산의 유배생활은 장장 18년에 이른다. 지금도 애독되는 『유배지에서의 편지』는 강진 유배 시기의 산물이다. 지금이야 '문화답사 1번지'로 알려져 관광명소가 되는 바람에 '땅끝마을'이라는 느낌이 퇴색되었지만, 1980년대까지만 해도 강진은 남해의 '깡촌 중의 깡촌'에 불과했으니 다산 유배 당시야 말할 것도 없다. 왕의 총애를 한 몸에 받(고 있다고 생각했)던 자가 권력의 저편으로 추방되었으니 그 심정이 오죽했을까.

(중략)

유배는 유배당하는 본인뿐 아니라 남은 자들의 네트워크까지 파괴한다. 친척들도 친구들도 멀어지고, 남은 자들은 남은 자들대로 '추방'을, 연속적인 시공간의 단절을 경험하게 된다. 다산은 두 아들에게 끊임없이 말한다. 그것이 세상인심이니 원망할 것 없다고 하지만 절대로 '중심'에서 멀어지면 안 된다고, 문화로부터 소외되어선 안 된다고. 중심을 향한 열정! 다산은 유배지라는 결여의 공간을 중심에 대한 갈망으로, 부자 · 형제라는 '불변의 관계'를 향한 호소로 그리고 타의 추종을 불허하는 학문적 성실성으로 채운다.

(중략)

다산은 역설적이게도, 세상으로부터 추방된 그 자리에서, '추방당하지 않기 위해', 거의 편집증적이랄 정도로 독서와 저술활동에 매진한다. 그러면서 또 한편으로는 자식들, 형제들과의 끈을 부여잡은 채로 추방된 시간을 견뎌 낸다. 다산의 글쓰기는, 자신이 있는 자리가 유배지라는 사실을 단 한순간도 잊지 않으려는, 잡념과 의지의 글쓰기이다.

– 채운, 『글쓰기와 반시대성, 이옥을 읽는다』, 북드라망, 2013, 73–77쪽.

3. 이 글은 이진경의 『뻔뻔한 시대, 한 줌의 정치』이다. 이 글을 읽고 정치에 관한 글을 쓰기 위해 선결되어야 할 점이 무엇인지 생각해 보자. 또한 글의 구성 전개를 꼼꼼히 살피고 정치와 관련된 주제를 선정하여 정치비평을 이어 써 보도록 하자.

스펙터클의 정치학

프랑스 상황주의 그룹의 리더였던 기 드보르는 『스펙터클의 사회』 첫 문장을 이렇게 시작한다. "현대적 생산조건들이 지배하는 모든 사회에서, 삶 전체는 스펙터클들의 거대한 축적물로 나타난다." 마르크스의 『자본』을 패러디한 이 문장에서, 스펙터클이란 알기 쉽게 말하면 '구경거리'란 뜻이다. 그것은 "일체의 시선과 일체의 의식이 집중되는 영역"이다. 사실 상품으로 생산되는 것들은 어느 것이나 눈에 보이는 양상이 중요하다. 보기 좋은 과일이 비싸게 팔리고, 보기 좋지 않은 과일은 상품이 되지 못해 버려진다. 보기 좋게 하기 위해 사과에 농약도 모자라 왁스를 바른다는 것은 잘 알려진 비밀이다. 스펙터클이 지배적이 된다 함은 시각적인 외양에 의해 지배되며, 그것에 사로잡혀 정작 중요한 것을 보지 못하게 됨을 뜻한다. 스펙터클이란 실제 삶과 시각적 외양이 분리되고, 그 분리된 오양이 지배하는 체제를 뜻한다. 그래서 그는 스펙터클이란 "삶에 대한 시각적 부정"이자, "삶에 대한 부정의 가시화"라고 말한다.

그것은 익숙한 말로 다시 쓰면 '소외된' 삶이다. 스펙터클의 사회란, 삶에서 분리된 스펙터클이 지배하는 사회, 스펙터클에 인간이 예속된 사회를 뜻한다.

스펙터클은 단지 상품에 한정된 개념은 아니다. 죄인을 끔찍한 모습으로 능지처참하는, 푸코가 『감시와 처벌』의 모두에서 '화려한 신체형'이라고 명명했던 절대주의 시대의 사형 장면 또한 화려한 스펙터클이다. 초등학교에서 전면 무상급식을 하면 나라가 망한다고 생각하면서도 '디자인 서울'이란 슬로건 아래 막대한 돈을 들여 다리에 조명을 달고 한강에 분수를 만들며 서울을 '구경거리'로 만들겠다는 오세훈 전 서울시장의 기획은 정확하게 서울을 스펙터클로 만들겠다는 것이고, 그것을 통해 자신을 사람들의 시선이 집중되는 스펙터클로 만들겠다는 전략의 표현이다. 상품을 만드는 데 디자인이 중요해진 것처럼 도시를 상품화하는 데, 아니 자신을 정치인으로 상품화하는 데 디자인이 중요하다는 발상일 게다. 원래의 모습이 무어든 청계천을 개조하여 '보기 좋은 시설'로, 그래서 '보기 좋은 업적'으로 만든 덕에 전임 시장이 대통령이 된 것을 본 사람이라면 누구나 쉽게 생각할 수 있는 것이다.

이는 스펙터클이 좀 더 사활적인 중요성을 갖는 것은 소위 '정치'의 영역임을 보여준다. '정치인'들의 주 관심사는 어떻게 하면 자신을, 자신의 언행을 남의 시선을 모을 수 있는 스펙터클로 만들 수 있을 것인가다. 그래서 별 관심도 없으면서도 큰 사고가 난 현장이라면, 즉 시선이 모이는 곳이라면, 어디든지 찾아가서 눈에 띄는 사진 한 장 박고 눈에 띄는 말 한 마디 하려고 애쓰는 것이다. 그럴 건이 없으면, 전면 무상급식을 허용하는 것은 '망국적 포퓰리즘'이라며 턱도 없는, 그렇기에 눈에 확 띄는 발언을 해서라도 시선을 끌어야 한다고 믿는다. 성희롱 발언으로 정치생명을 거의 상실한 국회의원이 새로이 부상한 안철수 같은 사람을 집요하게 공격하고, 개그맨의 개그를 국회의원 명예훼손이라며 고소를 하는 등, 사방으로 날뛰며 광분하는 것도 이 때문일 게다. 어떤 식으로든 사람들의 주목을 받고 입에 오르내리고 싶어 하는 것이다.

– 이진경, 『뻔뻔한 시대, 한 줌의 정치』, 문학동네, 2012, 97–99쪽.

4. 이 글은 김종진의 『공간空間 공감共感』이다. 행위가 공간을 만든다는 표제를 상기하며 마지막 문장에 이어질 글을 써 보도록 하자.

행위가 공간을 만든다

도시의 한 골목. 한 사람이 이쪽을 향해 걸어오고 있다. 이쪽에서 다른 사람이 다가간다. 얼굴을 빤히 보면서 접근한다. 걸어오던 사람은 다가가는 사람을 보았지만 무심히 가던 길을 재촉한다. 잠시 후 걸어오던 사람은 무언가 이상한 점을 느낀다. 다시 쳐다본다. 자신을 쳐다보면서 한 사람이 다가온다. 두 사람의 거리가 좁아졌다. 걸어오던 사람은 멈추어 선다. 이제 거의 몸이 닿을 지경이다. 긴장된 순간. 걸어오던 사람은 과연 어떤 행동을 취할까?

행동심리학자들은 이런 경우 사람들이 보통 세 가지의 반응을 보인다고 한다. 첫 번째는 다가오는 사람을 밀어내거나 주먹을 휘두르는 등 적극적인 공격 태도를 취하는 반응이다. 두 번째는 뒤로 물러나거나 도망을 가 적극적으로 회피하는 반응이다. 세 번째는 얼어붙은 상태로 아무것도 하지 못하고 자신을 그 상황에 수동적으로 맡기는 반응이다. 만약 당신이 걸어오던 사람이라면 어떤 행동을 취할 것 같은가?

첫 번째와 두 번째의 반응에서 흥미로운 공통점이 있다. 행동심리학자들은 두 반응이 나타나는 시점, 즉 공간적 경계가 비슷하다고 말한다. 사람은 낯선 이가 자신의 영역 안으로 들어오면 공격이나 방어의 행동을 취하는데 비슷한 크기를 보인다는 것이다. 이 영역이 바로 사람들이 지니고 다니는 자신만의 '개인의 공간'이다. 개인의 공간은 보이지는 않지만 침범당하거나 파괴될 경우 그 존재를 강하게 드러낸다. 미국의 행동심리학자 로버트 솜머Robert Sommer는 자신의 저서, 『개인의 공간*Personal Space*』에서 다음과 같이 말했다.

"쇼펜하우어의 우화에 나오는 호저와 같이 사람들은 온기와 우애를 구할 만큼 가까워지려고 하고 또 서로를 찌르지 않을 만큼 떨어지려고도 한다. 개인의 공간은 항상 원형은 아니며 사방으로 동일하게 확장되는 것도 아니다.(사람들은 낯선 사람이 정면에 있는 것보다 측면에 있는 것을 더 잘 참는다.) 그것은 달팽이 껍질이나 비눗방울, 아우라 혹은 '숨 쉬는 방'과 같다."

(중략)

우리가 살아가는 삶의 공간은 건축이 제공하는 물리적인 환경과 사람의 관계와 행위에 의한 비물리적인 환경이 결합되어 만들어진다. 아무리 훌륭한 저택이라도 방 안에 낯선 사람과 함께 있는 경우를 상상해 보라. 반대로 허허벌판이지만 친밀한 사람과 함께 있는 경우를 상상해 보라. 경험은 물리적 공간으로만 이루어지지 않는다.

– 김종진, 『공간(空間) 공감(共感)』, 효형출판, 2011, 100–107쪽.

4 반론문 쓰기

1. 다음은 김훈의 『라면을 끓이며』이다. 글을 읽고, 작가의 생각에 반대하는 글을 써 보도록 하자.

평발

아들아, 새벽이 되어도 돌아오지 않고 전화 한 번 없는 너를 기다리며 나는 지금 가슴이 찢어지는 슬픔과 분노로 이 글을 쓴다. 이 짧은 글을 마치기 전에 대문에 벨소리가 나고 네가 돌아오기를 나는 바란다. 하루 종일 집안일에 시달린 너의 어머니도 아직 잠들지 못하고 있다.

너는 재미도 없고 신명이 날 리도 없는 국어 · 영어 · 수학에 주눅 들려 노예만도 못한 고등학교 시절과 재수 시절을 거쳐서 겨우 대학에 들어갔다. 그러나 너의 젊은 몸의 생명력은, 국 · 영 · 수로 너의 정신을 옥죄고 경쟁과 싸움으로 마음을 황폐하게 만들어 버린 어른들의 제도보다 힘센 것이어서, 너의 몸은 청년의 건장함으로 자라났다. 지난번 이삿짐을 나를 때도 너는 이미 아버지보다 훨씬 힘이 좋았다. 그리고 너는 징병 신체검사에서 현역복무 판정을 받았고, 이제 입영 명령을 기다리고 있다. 대통령을 하겠다는 사람이나 국회의원,

장관, 그리고 온갖 돈 많고 권세 높은 댁 도련님들이 무슨 이유에서인지 관행적으로 병역을 면제받아왔다는 신문기사를 매일같이 눈독 들여 읽고 있는 너의 눈치를 보면서, 나는 사실 네가 그 문제를 나에게 묻지 않기를 바랐다. 아마도 그 참담함은 이 나라의 무수한 힘없는 아버지들의 참담함이었을 터이다.

내가 아들인 너의 눈치를 보면서 전전긍긍하던 어느 날, 너는 결국 너의 그 별것도 아닌 평발 증세를 어머니께 강조하면서 재검 받을 방법을 찾아달라고 말했다. 나와 너의 어머니는 다만 무력하게 한숨을 쉴 뿐 아무런 대답도 해줄 수가 없었다. 너를 낳아서 청년이 되도록 길렀으며, 남자로 태어나 병역의 의무를 마친 내가 너에게 이 사태를 어떻게 설명할 수 있을 것이며, 이 나라의 어느 아버지가 징집을 앞둔 아들에게 이 사태를 납득시킬 수 있겠는가. 병역은 남자로 태어난 국민의 가장 신성하고 도덕적인 의무라고 말한들 이미 더럽혀지고 허물어진 신성 앞에서 그 말이 무슨 씨가 먹힐 것인가.

네가 네 또래 녀석들과 어느 음습한 술집 골목이나 헤매면서 분노와 혼란의 풋술을 마시고 있을 이 새벽에, 나는 너의 교육과정과 너의 사회적 성인식과도 같은 입대 예비과정에서 이 나라의 제도와 사회, 그리고 남 앞에서 애국적 언동을 해 보이는 일을 직업으로 삼는 권세 높은 자들이 너의 그 짧은 생애에 가한 상처와 모욕을 생각하면서 잠들지 못한다.

너에게 할 말은 아니다만 아직도 돌아오지 않는 너를 기다리면서 나는 너를 기르던 세월 속에서 내가 치러야 했던 가혹한 노동과 날이 밝도록 일해야 했던 수많은 밤의 고난을 생각했다. 세금을 원천징수당하고, 34개월의 병역을 치르고, 예비군 · 민방위 훈련에 참가하고, 교통규칙을 지키고, 전기를 절약하고 쓰레기를 줄이고…… 시간외노동을 밥 먹듯이 하면서도 나라가 시키는 대로 끝까지 머리 숙여 모든 일을 다해온 세월은, 지금 견딜 수 없이 허망하다.

나라를 지키는 일은, 아버지 세대가 늙으면 아들 세대가 물려받아야 하는 것이다. 그것은 한 사인私人인 아버지가 사인인 아들에게 넘겨주는 의무가 아니다. 그것은 공적公的 아버지가 국가와 국민의 이름으로 이루어질 수밖에 없다. 그러나 지금 너희들의 그 울분에 찬 새벽 술자리에 공사 간에 어느 아비가 끼어들 수 있겠느냐. 아들아, 나는 이렇게 말하려 한다. 나라를 사랑한다는 것은 이 못난 나라의 못남 속에서 결국 살아내야 한다는 운명을 긍정하는 것이라고. 그리고 나라의 쪽박을 깨지 않는 일이라고. 너의 의무는 몇몇 비굴한 이탈자들에 의하여 신성이 모독되었지만, 송두리째 부정당한 것은 아니라고.

너의 어머니에게 다시는 너의 평발을 내밀지 말아라. 아프고 괴롭겠지만, 나라의 더 큰 운명을 긍정하는 사내가 되거라. 네가 긍정해야 할 나라의 운명은 너와 동년배인 동족 청년과 대치하는 전선으로 가야 하는 일이다. 가서, 대통령보다도 국회의원보다도, 그리고 애국을 말하기를 직업으로 삼는 사람들보다도 더 진실한 병장이 되어라.

– 김훈, 『라면을 끓이며』, 문학동네, 2015, 293-296쪽.

2. 다음은 루트비히 비트겐슈타인의 『철학적 탐구』의 일부이다. 이 논지에 반대하는 입장의 글을 써 보자.

66. 예를 들어 우리가 "놀이들"이라고 부르는 과정을 한번 고찰해 보라. 나는 놀이판 위에서 하는 놀이들, 카드놀이들, 공놀이들, 운동경기들 따위를 뜻하고 있다. 무엇이 이 모든 것에 공통적인가? — "그것들에는 무엇인가가 공통적이어야 한다, 그렇지 않으면 그것들은 '놀이들'이라고 불리지 않을 것이다"라고 말하지 말고, — 그것들 모두에 공통적인 어떤 것이 있는지 여부를 보라. — 왜냐하면 당신이 그것들을 주시한다면, 당신은 그 모든 것에 공통적인 어떤 것을 볼 수는 없을 것이지만, 유사성들, 근친성들은 볼 것이기 때문이다. 그것도, 매우 많이. 이미 말했다시피: 생각하지 말고, 보라! — 예컨대 판 위에서 하는 놀이들을 그 다양한 근친성들과 함께 주시하라. 자, 이번에는 카드놀이들로 넘어가라. 여기서 당신은 저 첫 번째 부류들과 대응하는 많은 것들을 발견하지만, 많은 공통적인 특징들이 사라지고 다른 것들이 등장한다. 이제 우리가 공놀이들로 넘어가면, 어떤 공통적인 것들은 보존되어 남아 있지만, 많은 것이 상실된다. — 그것들은 모두 '재미있는'가? 장기와 오목을 비교하라. 또는 놀이하는 사람들 사이에 언제나 승패 또는 경쟁이 존재하는가? 파시앙스라는 카드 점치기 놀이를 생각하라. 공놀이들은 승리와 패배가 존재한다. 그러나 어린아이가 공을 벽에 던지고 다시 붙잡을 때는 이러한 특징은 사라진다. 기량과 운이 어떤 역할을 하는가를 보라. 그리고 장기에서의 기량과 테니스에서의 기량이 얼마나 다른가? 자, 이번에는 윤무놀이를 생각해 보라. 여기에 오락의 요소는 있다. 그러나 얼마나 많은 다른 성격적 특징들이 사라졌는가! 그리고 이렇게 해서 우리는 많고 많은 다른 놀이 집단들을 훑어볼 수 있으며, 유사성들이 나타나고 사라지는 것을 볼 수 있다.

그리고 이제 이러한 고찰의 결과는, 우리는 서로 겹치고 교차하는 유사성들의 복잡한 그물을 본다는 것이다. 큰 점과 작은 점에서의 유사성들을.

67. 나는 이러한 유사성들을 "가족 유사성"이라는 낱말에 의해서 말고는 더 잘 특징지을 수 없다. 왜냐하면 몸집, 용모, 눈 색깔, 걸음걸이, 기질 등등이 한 가족의 구성원들 사이에 존재하는 다양한 유사성들을 그렇게 겹치고 교차하기 때문이다 — 그리고 나는 '놀이들'은

하나의 가족을 이루고 있다고 말할 것이다.

그리고 마찬가지로, 예컨대 수의 종류들도 하나의 가족을 이루고 있다. 왜 우리는 어떤 것을 "수"라고 부르는가? 자, 가령, 그것이 우리들이 지금까지 수라고 불러 온 상당수의 것들과 어떤 — 직접적인 — 근친성을 가지고 있기 때문이다. 그리고 이에 의해서 그것은 우리가 또한 그렇게 부르는 다른 것들과 간접적인 근친성을 얻는다고 말해질 수 있다. 그리고 우리는 우리의 수 개념을 우리가 실을 자을 때 섬유에 섬유를 꼬아 만들 듯이 연장한다. 그런데 실의 강도는 그 어떤 섬유 하나가 그 실의 전체 길이를 관통해 지나감에 있는 것이 아니라, 많은 섬유들이 서로 겹침에 있는 것이다.

그러나 많은 어떤 사람이, "그러니까 이 모든 형성물들에는 어떤 것이 공통적이다, — 즉 이 모든 공통적인 것들의 선언選言이 그것이다"라고 말하려 한다면 — 나는 그 사람에게, 당신은 여기서 단지 말장난을 하고 있을 뿐이라고 대답할 것이다. 마찬가지로 우리들은 이렇게 말할 수 있을 것이다: 그 전체 실을 어떤 것 하나가 관통해 지나가고 있다, — 즉 이 섬유들의 중단 없는 겹침이 그것이다.

– 비트겐슈타인, 이영철 역, 『철학적 탐구』, 책세상, 2006, 69–71쪽.

3. 아래 고미숙의 글은 청년 취업의 어려움을 자연스럽게 드러내고 있어 독자와의 공감대를 형성하고 있다. 시사문제를 설득적으로 이끌어가기 위한 장치들이 무엇인지 생각해 보며 읽어 보자. 또한 이 글과 같이 자신의 경험과 작품 분석을 활용하여 반대 의견을 서술해 보자.

가는 곳마다 길이 되는 게 삶, 길이 있어 가는 게 아니다

한 청년이 있다. 20대 중반에 고졸 기능공. 얼마 전 한 중소기업에 취직을 했다. 지방에 있는 공장 합숙소에 묵으면서 수습을 시작했다. 월급은 100만 원 남짓. 3개월 수습기간이 지나면 150만 원쯤 받을 수 있단다. 근무시간은 꽤 길었다. 하루 열두세 시간은 기본이고 토요일 근무도 다반사였다. 그래도 첫 직장이니 뭐든 배우는 자세로 임했고, 일단은 자립이 급선무였던 터라 불평 없이 잘 참아냈다. 근데, 얼마 전 수습기간 세 달도 채우기 전에 해고를 당했다. 구조조정의 대상이 된 것이다. 뭐 이런 경우가 다 있지? 그렇게 금방 '짜를' 거면 대체 왜 뽑은 거지? 헐값에 잠깐 부려먹고는 확 내다버린 느낌이었다.

이 청년은 나의 조카다. 나 자신은 평생 백수로 지낸 터라 구조조정이니 정리해고니 하는 말을 간접적으로만 체험해왔는데, 조카 덕분에 노동현장의 열악함을 생생하게 엿보게 되었다. 마음이 크게 상하지 않았을까 싶어 격려차 만났는데, 녀석은 의외로 담담했다. 주변에 워낙 백수가 많기도 하지만, 일은 많고 월급은 적은데, 그렇다고 첫 직장을 금방 때려치울 수도 없던 차에 '짤리게' 되니 한편으론 속이 후련했단다.

인건비 몇 푼 아끼려고 제멋대로 쓰다 버린 회사와 기대에 맞지는 않았지만 최선을 다해 직장에 임한 청년. 자존심의 차원에서 보자면 후자의 승리다. 젊다는 게 참 좋구나, 싶어 흐뭇했는데, 그 다음 반응이 더 뜻밖이었다. 직장을 구하려고 서두를 줄 알았더니 이왕 이렇게 된 거 여행을 하고 싶단다. 그것도 해외여행을. 돈이 좀 들긴 하지만 그래도 꼭 가고 싶다는 것이다. 아, 그래서 새삼 깨닫게 되었다. 이 세대는 우리와는 아주 다른 감각과 신체성을 지녔다는 것을. 거침없이 길 위에 나서고 가볍게 국경을 넘는다는 것을.

희로애락의 파노라마 원하는 게 생명

하긴 대하소설『임꺽정』에 나오는 칠두령도 그랬다. 꺽정이와 그의 친구들은 사농공상 어디에도 속하지 않은 마이너들이었다. 그런 처지면 신분적 열등감에 몸부림칠 것 같은데, 그들은 오히려 반대였다. 그들은 그 어디에도 귀속될 생각이 없었다. 각자 자기만의 공부 ─ 표창 · 활쏘기 · 돌팔매 등 ─ 를 익힌 다음 거리낌 없이 길 위에 나섰다. 길이야말로 그들에겐 자유와 해방의 공간이었다. 벗을 만나고 라이벌과 맞장 뜨고, 웃고 떠들고 싸우고. 그들은 길에 내몰린 약자들이 아니라 스스로 길 위에 나선 '진짜 사나이'였다. 처음엔 그들이 아주 특별한 존재처럼 보였는데, 몇 번을 다시 읽으면서 생각이 바뀌었다. 그들은 지극히 평범한 청년들이었다. 왜냐하면, 그들의 욕망과 행로야말로 모든 청춘, 아니 모든 세대의 '원초적 본능'에 가깝기 때문이다.

현대인들은 정규직을 삶의 기준으로 삼는다. 하지만 과연 그게 진심일까? 안정된 직장에서 평생이 보장되는 삶을 진짜로 원할까? 단언컨대, 그렇지 않을 것이다. 왜냐면, 우리의 몸은 그런 식의 안정을 격렬히 거부한다. 생명은 운동과 순환을 원한다. 발산과 수렴, 상생과 상극, 노동과 휴식, 사랑과 미움 등등. 한마디로 희로애락의 파노라마를 원한다. 그러기 위해선 길 위에 나서야 한다. 하긴 인생 자체가 길이 아닌가. "고향을 감미롭게 생각하는 사람은 아직 허약한 미숙아다. 모든 곳을 고향이라고 느끼는 사람은 상당한 힘을 갖춘 사람이다. 그러나 전 세계를 낯설게 느끼는 사람이야말로 완벽한 인간이다." 12세기 스콜라철학자 빅토르 위고의 말이다. 고향을 떠나고 익숙한 데서 멀어지는 것이 곧 완벽한 인간으로 성장하는 과정이라는 것이다.

돈 · 노동이 인간의 본성 · 목표일 순 없어

하지만 우리 시대는 하도 정규직 타령을 듣다 보니 그것이 마치 삶의 척도인 양 착각이 일어난다. 경제적 자립은 중요하다. 하지만 화폐와 노동이 인간의 본성이거나 목표일 수는 없다. 삶의 목표는 삶 그 자체일 뿐 다른 것일 수 있다. 그럼에도 지금은 마치 정규직이 궁극의 과제인 것처럼 말해진다. 당연히 오산이다. 거기에서 오는 모순은 헤아릴 수 없이 많다. 고급 정규직을 얻은 이들은 연봉의 대가로 소외와 공허에 시달리고, 얻지 못한 이들은 거기에 집착하느라 삶 전체를 방기해버린다. 그러다 보니 회사는 노동력을 효율적으로 착취하는 데만 골몰하고, 직원은 자신의 노동을 오직 연봉으로만 환산해 버린다. 그 과정에서 사람과 사람, 노동과 주체, 직원과 회사 등의 관계에 대한 성찰은 완전히 실종된다.

내 조카가 겪은 것도 그런 케이스다. 회사의 사정상 구조조정을 할 수도 있고, 해고를 당할 수도 있다. 하지만 최소한의 기본기는 지켜야 한다. 첫 직장을 그런 식으로 겪어야 하는 청년의 입장 같은 것 말이다. 그 정도의 '역지사지'가 불가능하다면 그 회사는 이미 위험하다. 그렇게 해서 부를 증식하기도 어렵지만, 그렇게 축적된 부는 각종 갈등의 원천이 될 뿐이다. 그렇다면 참 이상한 노릇이다. 위아래 모두 고생은 고생대로 하고 결과는 갈등폭발이라니. 마치 "불행하기 위해 최선을 다한" 꼴이 아닌가.

솔직히 직장인들의 로망은 여행이다. 최고경영자(CEO)들이라고 해서 다를 건 없다. 청년도 그렇지만 중년들도 마찬가지다. 결국 모든 사람은 길 위에 나서기를 열망한다. 평생직장도 거의 없지만 평생 직장을 다니겠다는 사람도 아주 드물다. 그래서 가끔 이런 상상을 해 보곤 한다. 미래산업은 오직 관광사업만 남게 되지 않을까. 예컨대, 중국인 유커들이 한국으로 흘러오면 그들과 관련된 서비스업에 종사해서 돈을 벌고, 한국인들은 다시 그 돈으로 중국을 가거나 혹은 다른 나라로 여행을 떠난다. 쉽게 말해, 여행자가 되거나 가이드가 되거나. 그것이 자본의 획책이든 본성의 발현이든 앞으로 이런 흐름이 가속화될 것은 분명해 보인다.

삶을 있는 그대로 받아들이는 것이 출발점

그렇다면 이제 필요한 건 정규직을 위한 스펙이 아니라 여행의 지도다. 노동과 휴식, 정주와 유목, 만남과 헤어짐을 동시적으로 사유할 수 있는 지도. 언제든 길 위에 나서서 삶의 형식을 스스로 창안할 수 있는 지도. 쥐뿔도 없는 주제에 잘리자마자 여행을 하고 싶었다는 조카에게 기꺼이 노잣돈을 보태준 것도 이런 맥락이다. 거기에 더하여 이렇게 길을 갈망하는 청년들에게 두 명의 멘토를 추천하고 싶다. 장자와 조르바가 그들이다.

장자가 보기에 세상은 카오스요 난세다. 당연히 삶은 더럽고 괴롭다. 그렇다고 피할 방법은 없다. 어차피 그럴 바에야 삶을 있는 그대로 받아들이자. 이것이 장자의 출발점이다. 그럼 그 다음엔? "아! 사물들은 본래 서로 연루되어 있구나. 이로움과 해로움은 서로를 불러들이는구나" 얻는 것이 있으면 반드시 잃는 것이 있다. 이것을 얻으면 저것을 잃는다. 이것이 세상의 이치다. 그렇다면 '이것'과 '저것'을 조율하는 삶의 기예가 필요하다. 그것이 바로 양생의 도道다. '정기신精氣神'을 보존하고 본성을 잃지 않는 '자기배려'의 윤리. 그럴 때 비로소 낯선 세상과 거리낌없이 맞장을 뜰 수 있다. 또 그 마주침 속에서 기꺼이 자신의 모습을 바꿀 수 있다. "명예도 비난도 없이, 한 번은 용이 되고 한 번은 뱀이 되어, 시절인연에 따라 변할 뿐 한 가지만 고집하지 않는다. 한 번은 올라가고 한 번은 내려오며 조화를 도량으로 삼는다."(이희경 풀어읽음, 『낭송장자』) 양생술과 변용력. 이것만 있다면 언제든 길 위에 나설 수 있다.

인생에서 가장 중요한 건 '지금 여기'

한편, 조르바는 60대 후반의 노인이다. 평생을 길 위에서 산전수전을 다 겪었다. 하지만 그는 어디에도 걸림이 없다. 국가나 신, 가족 등 그 어떤 초월적 척도나 규범에도 예속되지 않는다. 그가 터득한 이치는 간단하다. 인생에서 가장 중요한 건 '지금 여기'라는 것. "나는 어제 일어난 일은 생각 안 합니다. 내일 일어날 일을 자문하지도 않아요. 내게 중요한 것은 오늘, 이 순간에 일어나는 일입니다. 나는 자신에게 묻지요. 조르바, 지금 이 순간에 자네 뭐하는가? 잠자고 있네. 그럼 잘 자게. 조르바, 지금 이 순간에 자네 뭐하는가? 일하고 있네. 잘해 보게. 조르바, 자네 지금 이 순간에 뭐 하는가? 여자에게 키스하고 있네. 조르바, 잘해 보게. 키스할 동안 딴 일일랑 잊어버리게. 이 세상에는 아무것도 없네. 자네와 그 여자밖에는. 키스나 실컷 하게."(이윤기 옮김, 『그리스인 조르바』) 그는 사랑의 화신이자 노동의 달인이다. 사랑하되 소유욕에 빠지지 않고, 노동하되 화폐에 종속되지 않는다. 소유와 소외로부터의 자유, 그것이 '지금 여기'를 살아내는 '현존성'의 원동력이리라.

우리 시대는 청년들에게 꿈과 열정을 촉구한다. 그러면 성공할 수 있다고. 성공하면 저 높이 날아오를 수 있다고. 하지만 그것은 자유를 향한 비상이 아니라 현란하고 위태로운 게임일 뿐이다. 삶이 온통 화폐로 환원되는 머니 게임. 이 게임에선 사랑은 지독한 소유욕을, 노동은 끔찍한 소외감을 야기할 뿐이다. 하여, 그것은 결코 삶의 지도가 될 수 없다. 단언컨대, 인간은 성공하기 위해 태어나지 않는다. 정규직을 위해 태어나는 건 더더욱 아니다. 또 노후대책을 위해 청춘을 바쳐야 한다면 그건 너무 허망하다. 그러면? 길 위에 나서기 위해서다. 오직 두 발에 의지하여 자신만의 길을 열어가기 위해서다. 그 길에는 목적지가 없다. 매순간이 곧 삶의 전부다. 요컨대, 길이 있어 가는 것이 아니라 가는 곳마다 길이 된다. 장자가 그렇고, 조르바가 그렇듯이.

– 고미숙, 「길에서 만난 멘토」, 『중앙SUNDAY』 446, 2015. 9. 26.

4. 다음은 프리드리히 A. 하이에크의 『노예의 길 : 사회주의 계획경제의 진실』의 일부이다. 이 글의 입장을 반대하는 글을 써 보자.

대개의 사람들은 우리가 이런 문제들을 수습할 수 있는-비록 완벽하지는 않지만 최소한 경쟁체제에 의해 이루어지는 것보다 더 큰 일반적인 만족을 주는-그런 도덕적 기준들을 가지고 있지 않다는 사실을 기꺼이 인정하기를 주저한다. (그 대신 우리는 반문하게 된다.) 우리는 모두 무엇이 '정당한 가격'이고 '공정한 임금'인지에 대해 약간의 개념을 가지고 있지 않은가? 우리는 사람들의 강력한 공정성에 대한 감각에 의존할 수 없단 말인가? 우리가 지금은 특정한 경우에 무엇이 정의로운지 혹은 공정한 것인지 그 기준에 대해 완전하게 동의하지 않지만, 만약 사람들이 그들의 이상이 실현되는 것을 볼 기회가 주어진다면, 좋은 평판을 얻는 개념들을 보다 확정적인 기준으로 점차 삼으면 되지 않겠는가?

불행히도 그런 희망을 품을 근거는 별로 없다. 우리가 가진 기준들은 우리가 알고 있는 경쟁체제로부터 도출된 것이며, 경쟁이 사라지면 필연적으로 곧 사라질 것이다. 우리가 정당한 가격 혹은 공정한 임금이라는 말로 뜻하고자 하는 것은 통상적 가격이나 임금, 과거의 경험으로부터 사람들이 기대하게 된 보상, 혹은 만약 독점적 착취가 없었더라면 존재했을 가격이나 임금이다.

여기에서 단 하나의 중요한 예외는 노동자들의 '자신의 노동생산물 전체'에 대한 권리주장이었다. 이것은 무수한 사회주의 교리들을 거슬러 올라가면 만나게 되는 주장이다. 그러나 현재 사회주의 사회에서 각 산업의 생산물이 그 산업의 노동자들에 의해서만 완전히 다 나뉠 것이라고 믿는 사회주의자들은 별로 없다. 왜냐하면 이렇게 한다는 것은 자본을 아주 많이 사용하는 산업에서 일하는 근로자들이 자본을 별로 사용하지 않는 산업의 근로자들에 비해 훨씬 더 큰 소득을 받게 된다는 것을 의미하기 때문이다.

이런 상황은 대부분의 사회주의자들이 매우 정의롭지 못한 것으로 간주할 것이다. 이 특별한 권리주장은 이제 사실에 대한 잘못된 이해에 근거를 두고 있다는 점이 상당히 일반적으로 인정받고 있다. 그러나 개별 근로자의 '그의' 생산물 전체에 대한 권리주장을 일단 부정하고, 자본으로부터 보상 전부를 모든 근로자들 사이에 분할한다면, 그것을 어떻게 나눌 것인가라는 마찬가지의 기본적 문제가 여전히 제기된다.

어떤 특정한 상품의 '정당한 가격' 혹은 어떤 특정한 서비스에 대한 '공정한' 보상이 무엇인가 하는 것은, 만약 필요한 수량들이 독립적으로 결정될 수만 있다면 객관적으로 결정될 수 있을지 모른다. 만약 필요한 수량들이 비용과 관계없이 일정하게 주어져 있다면, 계획자는 이런 공급을 이끌어 내기 위해 필요한 가격 혹은 임금이 얼마인지 발견하려고 노력할지 모른다. 그러나 계획자는 또한 무수한 종류의 재화들 각각이 얼마나 생산되어야 할지 결정하여야 한다. 그리고 그렇게 함으로써 그는 무엇이 지불해야 할 정당한 가격인지 혹은 공정한 임금인지 결정한다.

만약 계획자가 건축가 혹은 시계제작자가 덜 필요하고 더 낮은 보상으로도 그 업종에 종사하려고 하는 사람들에 의해 그 업종에 대한 필요가 충족될 수 있다고 결정한다면 '공정한' 임금은 더 낮아질 것이다. 서로 다른 목적들에 대한 상대적 중요성을 결정함으로써, 그 계획자는 또한 서로 다른 집단이나 사람들의 상대적 중요성을 결정하게 된다. 그가 사람들을 단순히 수단으로만 취급하지 않을 것이라고 본다면, 그는 이런 효과들을 감안하여야 하며, 자신의 결정에 따라 발생하는 이런 효과들에 대비하여 서로 다른 목적들의 중요성에 대해 의식적으로 균형을 맞추어야 한다. 그러나 이것은 그가 필연적으로 서로 다른 사람들의 조건들에 대해 직접적 통제를 행사할 것이라는 것을 의미한다.

– 프리드리히 A. 하이에크, 김이석 역, 『노예의 길: 사회주의 계획경제의 진실』, 나남출판, 2006, 173–174쪽.

5 자유 글쓰기

1. 다음은 최태섭의 『모서리에서의 사유』라는 글이다. '중2병'이 갖는 본래의 의미를 확장하여 사회적 문제를 진단하고 주제를 이끌어 내는 과정을 살펴보자. 이제 이 글을 참고하여 최근 유행하고 있는 단어를 중심으로 시사적인 글을 한 편 작성해 보도록 하자.

중2병의 시대

내가 창조하기 전에 세상은 존재하지 않았소. (중략) 속물적으로 찌든 생각의 굴레로부터 나 말고 누가 당신들을 벗어나게 해 주겠소? 그러나 나는 정신이 알려 주는 대로 자유로이 즐겁게 내 내면의 빛을 좇아가고, 나만의 황홀함에 취해 어둠을 뒤로하고 밝음을 좇아 빠르게 앞으로 나아간다오.

– 괴테의 『파우스트』 중에서

'중2병'이라는 단어가 있다. 사춘기가 한창 물이 오를 시기인 중학교 2학년 같은 정신상태를 가지고 있는 것을 일컫는 말이다. 일본의 한 코미디언이 라디오 프로그램에서 만들어낸이 단어가 일본에서는 '사춘기에 누구나 겪었을 법한'정도의 수준에서 사용되고 있지만, 한국에서는 사춘기가 지나서도 중2의 정신상태에 머물러 있는 이들을 비난하는 용어로 쓰이고 있다.

좀 더 자세한 증상을 보자면 허세, 현실감각 둔화, 사물에 대한 근거 없는 평가, 자신의 취향에 대한 절대화, 모든 조언과 충고에 대한 격렬한 저항, 삶의 경험에 대한 극단적 감수성 같은 것들이다. 요약하면 "내가 창조하기 전에 세상은 존재하지 않았소!"라는 젊은이의 외침이 바로 그것이다.

당연하게도 중2병은 최근의 경향이 아니다. 자신에 대한 몰입과 심취는 수많은 사람을 매혹시켰으며, 덕분에 인류가 이룩한 심오한 사상과 철학에는 대부분 일정 함량의 중2병이 첨가되어 있다. 비록 모든 중2병이 위대한 사상을 잉태한 것은 아닐지라도, 새로운 것을 창조하기 위해서 기존의 것들과 불화하고 단절을 선언하는 것은 필수 불가결한 일이기 때문일 터다.

그러나 이 인류의 오랜 낭만적 병세는 우리 시대에서 어떤 전환점을 맞이하고 있는 듯하다. 특히 사회주의의 붕괴는 단지 한 무리의 사회주의자들에게만 중요한 일이 아니라, 자본주의라는 한 체제의 외부가 사라진 사건이기도 하다. 이것은 우리를 '역사 이후'의 시대로 안내한다. 즉 이를 통해 발전된 자본주의 국가에서 살고 있는 이들에게 자본주의는 곧바로 세계와 등치되는 것으로 경험되며, 그것이 가지고 있는 역사성, 다시 말해 역사의 어느 순간에 태어나고 소멸하는 존재로서의 이념과 체제라는 성격을 인식할 수 없게 되는 것이다.

이 역사 이후의 시대, 즉 역사가 결코 끝나거나 종언을 고한 것은 아니지만 사건과 사물들이 나름의 역사적 맥락을 가지고 존재하고 있다는 사실을 알기 어려운 시대에서, 중2병은 존재 양식으로 격상된다. '맥락 없음'이라는 조건을 극복하고 존재하기 위해 사람들은 부득이하게 그 맥락을 창조해야만 하는 것이다. 그것이 취향이든, 독서든, 경험이든 역사라는 맥락으로부터 괴리된 채 한 사람이 얻을 수 있는 아주 적은 재료들로 스스로의 존재를 짊어져야 하는 것이 오늘날의 많은 사람이 처해 있는 상황이다.

이런 상황은 당연히 모조의 불안과 불만을 만들어낸다. 그래서 중2병은 정도는 다를지라도 적대를 내포하고 있다. 취향이나 경험을 존중하지 않는 평론가와 반대자들, 납득할 수 없는 평가의 기준과 법칙들, 알 수 없는 질서와 제도들을 향해 각각의 적대선이 그어진다.

이 적대들은 많은 경우 들쭉날쭉한 기준과 모순을 안고 있다. 왜냐하면 이것은 불안의 근원에 대해 발생하는 적대가 아니라, 불안함 속에서 출몰한, 그래서 그 대상을 찾지 못한 적대이기 때문이다. 하지만 이 적대는 우리가 역사와 함께 상실한 정치를 되찾기 위한 중요한 실마리다. 오늘날 정치가 가능하다면 바로 이 불안과 불만에서부터일 것이다. 머릿속에 쌓은 가련한 성벽이 아닌 역사의 전장에서 적대가 생겨날 때 정치는 다시 돌아올 것이다.

– 최태섭, 「중2병의 시대」, 『모서리에서의 사유』, 알마, 2013, 99–101쪽.

2. 다음은 문유석 판사의 『판사 문유석의 일상유감, 개인주의자 선언』이라는 글이다. 드라마의 내용과 자신의 경험담이 어떻게 연결되는지 생각해 보고, 이와 같은 한 편의 글을 써 보도록 하자.

장그래에게 기회를!

드라마 〈미생〉은 커다란 화제가 되었다. 나도 '마눌'님의 등쌀에 같이 열심히 봤다. 영화 〈변호인〉에게서도 처절한 연기를 배우 임시완은 '주눅 든 연기'계의 메시라고나 할까. 치수 큰 양복을 입은 몸무게 57킬로그램의 가냘픈 임시완이 분한 장그래의 자신 없는 말투와 고개 숙인 모습을 보며 아내는 이미 모성애를 가동시켰다. 어느새 나조차 눈물이 핑 도는 걸 어쩔 수 없었다. "열심히 하지 않은 것은 아니지만 내가 열심히 하지 않을 걸로 하겠다"는 장그래의 가치관은 따져보면 모든 걸 개인의 책임으로 돌리는 잔혹한 논리이고 절대로 사회적으로 찬양되어서는 안 될 위험한 이데올로기다(누가 좋아할 논리겠는가). 그러나 저 말은 온몸을 내던지며 사회의 장벽에 맞서 싸워온 이가 자기 자신을 추스르며 했던 다짐이기에 정서적으로는 충분히 공감할 수 있었다.

나뿐 아니라 전국의 많은 시청자가 고졸 계약직 장그래의 도전을 응원하고, 그가 부딪치는 벽에 분노했다. 특기가 노력이라고 대답할 정도로 최선을 다하는 사람은 누구든 응원받을 자격이 있다. 그리고 노력뿐 아니라 결과로써 능력을 증명했는데도 기회를 박탈하는 시스템은 분노의 대상이 되어 마땅하다.

(중략)

장그래를 막는 학벌의 벽은 왜 존재할까. 먼저 학력이 인재를 평가하는 안전한 방식이라고 여겨져서다. 개개인의 다양한 능력을 정확하게 평가하는 건 쉽지 않은 일이다. 입시경쟁의 승자라는 징표가 우수한 두뇌, 성실성, 인내심을 증명한다고 보고 거기에 만족하는 것이다. 대체로 맞을 수도 있다. 그런데 최고 스펙 집단의 일원으로 살아온 자로서 고백하건대, 스펙은 '탁월함'까지 증명하지 못한다. 수많은 법조인이 일하는 걸 봤고, 파산부에서 대기업 임직원들을 관리했고, 조정위원들을 직접 선발했다. 내가 본 최고로 감동적인 재판을 하는 판사. 가장 수완 좋고 유능한 파산관재인과 임원, 최고의 분쟁해결 능력을 보인

조정위원은 모두 소위 '스카이'출신이 아니었다. 실제 사회에서 문제를 해결하는 데 필요한 능력은 다양했고, 그 능력의 차이는 생각보다 훨씬 컸다. 당연한 거다. 대학 입시용 평가 시스템은 대학 공부를 할 만한 일반적인 능력을 평가하는 것이니 연구직, 대학교수 및 이에 유사한 직업은 몰라도 사회의 다양한 일을 잘해낼 능력을 평가할 수 있는 만능 도구가 아니다.

기업은 더할 것이다. 그런데 이미 자리를 차지한 이들이 벽을 강화한다. 기존 임직원들은 자신과 동질적인 존재가 편하고 선후배의 위계질서에 편입시키기 좋다. 이윤 극대화라는 기업 목표의 관점에서 보면 일종의 대리인 비용(기업 주체와 대리인과의 이해 상충으로 인하여 발생하는 비용)이다. 사실 기업의 학벌 타령은 사회적 배려와 공정성 이전에 효율성 차원에서 어리석다고 본다. 판을 흔드는 아이디어를 불쑥 내는 부하를 효율적으로 활용하여 성과를 극대화하는 것이 관리자들의 할 일이다. 그게 부담스러운 관리자는 무능한 거니까 그쪽이 나가야 하고, 학벌 타령은 이 글로벌 경쟁 시대에 우리 기업이 아직 배가 덜 고프다는 증거다. 소위 '오너 경영자'들은 뭐하는 걸까. 이런 벽을 과감히 깨고 패러다임을 바꾸기는커녕 회사에 손해를 끼치는 일만 벌이고 있다면 왜 그들이 필요한 걸까.

경영자야말로 능력이 있어야 한다. 인재를 알아보는 능력, 그 인재가 능력을 발휘하는 것을 방해하는 조직 내 관료주의의 벽을 부수는 능력, 그리고 더 중요한 능력이 있다. 사람들로 하여금 꿈을 꾸게 하는 능력이다.

십 년 전 서울중앙지법 파산부에 근무한 적이 있다. 아직 외환위기의 여파가 남아 있어 굵직한 대기업 몇 군데가 법정관리 상태였다. 회생에 성공하거나 파산하는 기업들의 생사를 가른 요인들 중 가장 기억에 남는 건 '경영자세의 자세'였다.

한 전자제품 회사의 경우다. 우선 사건이 접수되면 대표자 심문부터 진행하는데, 임원들을 거느리고 들어오는 대표이사의 위용이 대단했다. 안경, 손목시계, 만년필까지 금빛으로 번쩍번쩍했다. 그의 첫마디는 대수롭지 않은 '일시적'자금경색으로 법원에 폐를 끼치게 되어 죄송하다는 것이었다. 사과의 대상이 임금체불중인 근로자들, 연쇄부도 위기에 놓인 영세 납품업체들이 아니라 법원이었다. 질문을 시작했다. 운전자금 조달 계획, 매출 추정의 근거, 적지 않은 대표이사 가지급금 내역. 그런데 답변은 대부분, "실무자가 답변 드리도록 하겠습니다"였다. 임원의 입만 쳐다보는 그를 보며 이 기업의 유명을 예감할 수 있었다. 국밥집조차 주인이 가게에 늘 나와 있는 집과 그렇지 않은 집의 맛은 천양지차다. 결국

이 기업은 파산했다.

(중략)

반대의 경우도 있었다. 작은 해상운송업체였다. 대표이사는 나의 온갖 질문에 대해 회사의 약점까지도 솔직하게 털어놓았다. 마무리하려는데 잠시만 기회를 달라고 하더니 프레젠테이션을 하기 시작했다. 남북관계, 한중러 관계의 현황과 전망을 분석하는 것을 시작으로, 항로를 다변화하여 미래에는 러시아 철도와 연결시켜 유라시아 대륙을 관통하겠다는 회사의 장대한 비전, 이를 위한 실행 계획과 구체적 진척 상황을 설명했다. 물론 법원은 이 모든 주장을 곧이곧대로 믿지 않는다. 회계법인을 통해 실사작업을 벌이고 보수적으로 평가했다. 그사이에 대표이사는 금융기관, 거래업체, 직원들을 모두 설득하여 동의를 얻어냈다. 내심 놀라면서도 납득했다. 결국 모두 사람이 하는 일이다. 현재에 굳건히 두 발을 딛고 서 있으되 눈은 매리를 바라보는 빛나는 기업가를 보면 함께 꿈꾸고 싶어지는 것이 인지상정이기 때문이다.

이런 능력도 의지도 없는 사람이 부모 잘 만나 경영자의 막중한 책임을 물려받고, 학벌과 연줄로 자리를 차지한 중간관리자들은 일생 파벌 다툼이나 하며 진입장벽을 쌓고, 장그래 같은 젊은 인재들을 소모품으로만 쓰고 버리는 기업들에게 미래가 있을까. 물론 '미국식 능력주의meritocracy'가 만병통치약은 아니고, 거기서 소외되는 평범한 사람들도 모두 사회에서 제 역할을 하고 자긍심을 가질 수 있어야 한다. 하지만 자본주의를 할 거면 우선 제대로 된 자본주의부터 하면서 그다음도 고민해야 하지 않을까. 다양한 능력들이 각기 다른 기준을 통해 정확하게 평가받고 보상받는 자본주의 말이다.

– 문유석, 『판사 문유석의 일상유감, 개인주의자 선언』, 문학동네, 2015, 164-169쪽.

3. 다음은 신주철의 『문학도시를 사유하는 쾌감』이다. 어느 특정 장소를 다녀와서 기행 감상문이 아닌, 기행 평론이 되기 위한 조건이 무엇인지 생각해 보고 자신만의 기행 비평을 한 편 작성해 보도록 하자.

종로, 짱짱한 추억과 도도한 역사의 거리

서울이라는 공간에 관심을 두고 이에 구현된 삶의 흔적과 문화유산을 알고 싶어 하는 사람을 만났을 때 먼저 어디를 추천할 수 있을까. 또한 한국생활에 웬만큼 이력이 붙어 서울의 문화유산을 스스로 더듬어 보고자 하는 외국인을 만났을 때 서울의 문화유산을 스스로 더듬어 보고자 하는 외국인을 만났을 때 서울의 어디를 답사해 보라고 말할 수 있을까. 이런 경우 나는 버스든 전철이든 한두 번만 타면 갈 수 있는 서울의 한복판부터 더듬어 보라고 말하고 싶다.

서울은 1392년에 개국한 조선이 1394년에 천도한 이후 오늘날가지 줄곧 수도인 것이다. 1950년에 발발한 한국전쟁과 그 이후의 변화와 개발 과정에서 많은 것들이 훼손되었지만 여전히 서울 사대문 안에는 다양한 문화유산이 널려 있고, 혹여 구체적인 유물로 남아 있지는 않더라도 수많은 흔적이 흩어져 있다. 나는 이 글에서 종로를 중심으로 한나절 정도를 걸어가면서 둘러볼 수 있는 것들을 더듬어 보고자하며 곳에 따라서는 관련된 작가와 작품들을 떠올리고 감상하고자 한다. 종로는 조선이 개성에서 천도를 결정하고 한양성을 설계할 때 설정한 기본 축이었으며 오랜 세월 서울 사람들의 생활과 문화가 전개된 중심 공간이었다.

종로 탐방을 시작하기 전에 먼저 '종로'의 명칭부터 알아보자. 조선 시대에 새벽에는 인정人定, 저녁에는 파루罷漏를 쳐서 도성의 8개 문을 여닫게 하던 종루鐘樓가 동서 간 대로와 남북 간 대로가 만나는 지점에 세워진 뒤, 종루에서 4대문으로 통하는 길을 종길이라고 한 데서 유래했다. 종루 지역 주변 도로를 운종가雲從街라고도 불렀는데 사람들의 왕래가 구름처럼 많았다고 하여 붙여진 이름이었다.

(중략)

굴곡의 역사, 비각과 종각

(중략)

이번에는 종로라는 명칭의 근거가 된 종각 앞으로 가보자. 오늘날 매년 마지막 날 자정에 제야의 종을 치는, 조선 시대에는 매일 성문을 여닫는 시간을 알리던 종이 걸려 있던 곳이 종각이다. 그런데 조선이 한양에 천도하고 태조 7년(1398)에 종을 처음 건 곳은 지금의 종각이 아닌 청운교 서쪽이었다. 태종 13년(1413)에 종로 사거리로 옮겼는데 임진왜란 때 건물과 종이 완전히 소실되었다. 그 후 광해군 11년(1619)에 규모를 줄여 임진왜란 전의 2층 종루가 아닌 단층 종각을 세우고 종을 새로 걸었다.

(중략)

보신각을 보고 있을 때 종종 떠오르는 것 하나는 19세기 말이 되면서 조선의 국력이 쇠약해지고 20세기 초에 들어 마침내 국권을 상실했던, 민족 구성원으로서의 절통함과 독립의 열망을 절규한 심훈의 「그 날이 오면」이다.

그 날이 오면, 그 날이 오면은
삼각산이 일어나 더덩실 춤이라도 추고,
한강 물이 뒤집혀 용솟음칠 그 날이
이 목숨이 끊기기 전에 와 주기만 하량이면
나는 밤하늘에 나는 까마귀와 같이
종로의 인경을 머리로 들이받아 울리오리다.
두개골은 깨어져 산산조각이 나도
기뻐서 죽사오매 오히려 무슨 한이 남으오리까.

그 날이 와서 오오 그 날이 와서
육조 앞 넓은 길을 울며 뛰며 뒹굴어도
그래도 넘치는 기쁨에 가슴이 미어질 듯하거든
드는 칼로 이 몸의 가죽이라도 벗겨서
커다란 북을 만들어 들쳐 메고는
여러분의 행렬에 앞장을 서오리다.
우렁찬 그 소리를 한 번이라도 듣기만 하면,

그 자리에 거꾸러져도 눈을 감겠소이다.

시의 화자는 자신의 생명이 다하기 전에 광복이 되기만 한다면 자신의 머리로 보신각의 종을 들이받아 국가의 평화와 국민의 안녕을 알리겠다고 한다. 작품에서 '종로의 인경'으로 표명된 보신각종이 하던 역할을, 1888년 3월에 제물포를 통해 서울로 들어온 L.H.언더우드는 『언더우드 부인의 조선 견문록』에서 조선 영토에 아무 탈이 없음을 알리는 것이라고 기록하고 있다. 그녀는 조선의 영토에 아무 일이 없을 때 도시 한가운데에 일반인의 통행을 금지하는 커다란 종을 치는데, 이루 말할 수 없이 부드럽고 엄숙하고 은은하되 가슴을 파고드는 이 종이 울리면 무거운 성문이 닫히고 빗장이 걸린다고 말한다.

– 신주철, 『문학도시를 사유하는 쾌감』, 가람기획, 2015, 15–20쪽.

4. 다음 글은 유시민의 『청춘의 독서』이다. 서평을 쓰기 위해 작가는 어떤 방식으로 글을 구성하고 있는지 생각해 보자. 그리고 평소 읽고 싶었던 책을 읽은 후, 주제가 분명히 드러나는 서평을 써 보도록 하자.

위대한 한 사람이 세상을 구할 수 있을까

도스토옙스키가 『죄와 벌』에서 던진 질문을 다시 생각해 본다. "선한 목적이 악한 수단을 정당화하는가?" 그는 이 소설에 자기가 찾은 대답을 남겨 두있지만, 처음 읽있을 때 나는 그것을 알아채지 못했다. 하지만 이제는 작가의 생각을 뚜렷이 인지한다. "아무리 선한 목적도 악한 수단을 정당화하지는 못한다." 도스토옙스키는 살인을 저지른 주인공이 겪었던 정신적 정서적 고통을 절절하게 그렸다. 또한 유형지에 따라간 소냐가 비슷한 고통을 겪는 죄수들에게 사랑과 존경을 받는 모습을 따뜻하게 묘사했다. 그리고 마침내 유형지 작업장 통나무 더미 위에서 라스꼴리니꼬프가 소냐의 발에 몸을 던져 키스하는 장면을 통해 주인공이 죄를 인정하고 심리적 고통에서 해방되는 과정을 보여주었다.

"아무리 선한 목적을 이루기 위해서라고 하더라도, 인간은 악한 수단을 사용한 데 따르는 정신적 고통을 벗어나지 못한다." 도스토옙스키는 이렇게 말한다. 죄를 지으면 벌을 면하지 못하는 게 삶의 이치라는 것이다. 그런데 이 문제는 다른 맥락에서 볼 수도 있다. 선한 목적을 이루기 위해 악한 수단을 사용하는 것을 정당화할 수 있는지 따지는 것은, 악한 수단으로 선한 목적을 이룰 수도 있다는 것을 전제로 한다. 그런데 나는 이 전제를 인정하지 않는다. 정당성 여부를 따지기 전에, 악한 수단으로는 선한 목적을 절대 이루지 못한다고 믿는다. 이것은 어떤 연역적 · 논리적인 추론의 산물이 아니다. 실제 있었던 역사적 사건들을 보고 체험한 끝에 얻은 경험적 · 직관적인 판단이다.

(중략)

스탈린과 히틀러 같은 '비범한 사람들'이 '인류를 구원하려는 신념'에 입각해 '모든 종류의 폭력을 사용한 권리'를 행사함으로써 구축했던 사회체제를 가리켜 우리는 '전체주의'라고 한다. 이 체제는 인간의 생명과 권리를 학살하고 억압하는 '제도화된 악'이었다. 스탈린과 히틀러, 그리고 이들의 지시를 받아 대량 학살을 저질렀던 수많은 부하들이 전당포 노파 자매를 죽인 것 때문에 라스꼴리니꼬프가 겪어야 했던 끔찍한 정신적 번민과 고통에 시달렸다는 증거는 별로 없다. 그러나 그들이 그러한 죄악을 저지름으로써 어떤 선한 목적도 이루지 못했다는 증거는 너무나도 명백하다.

(중략)

라스꼴리니꼬프의 '초인론'은 스탈린과 히틀러의 전체주의 체제로 현실화되었다. 소수의 '비범한 사람들'이 '인류를 구원하려는 신념'을 실행하기 위해 "온갖 종류의 폭력과 범죄를 저지를" "완전한 권리를 " 행사한 전체주의 체제가 있었다. 그리고 그 반대편에 다수의 '평범한 사람들'에게 동등한 인권과 참정권을 부여하고, 그들을 대표하는 사람들에게 의사 결정권을 제한적으로 위임하는 민주주의 체제가 있다. 20세기 세계사는 소수의 '비범한 사람들'이 인류를 구원하는 것이 아니라 다수의 '평범한 사람들'이 스스로 자신을 구원한다는 것을 보여주었다. 수없이 많은 소냐와 두냐들이 좋은 세상을 만든 것이다. 만약 도스토옙스키가 20세기를 목격했다면, 그는 틀림없이 이렇게 말했을 것이다.

"선한 목적은 선한 방법으로만 이룰 수 있다."

– 유시민, 『청춘의 독서』, 웅진지식하우스, 2009, 26–31쪽.

5. 다음은 신문에 게재된 김우창의 글이다. 각 문단별로 드러난 소제목과 내용의 적합성을 생각해 보며 글을 읽되, 주제의 논리적 구현을 위해 단락별 구성 방법을 살펴보도록 하자. 또한 〈인간에게 평화란 '삶의 존엄' 위한 기본 조건〉에 관한 글을 논리적으로 써 보자. 이때 설득적 주제 전달을 위해 다른 이들의 글을 참조하여 작성하여야 한다.

인간에게 평화란 '삶의 존엄' 위한 기본 조건

지난 9월 16일부터 21일까지 연세대 동아시아평화센터 주최, 네이버 문화재단 후원으로 '동아시아 보편평화 구상'이라는 주제의 회의가 열렸다. 조금 늦은 감이 있으나 그 회의에 있었던 발표들을 들으면서 생각했던 것들을 약간 적어 볼까 한다.

평화는 하나의 사회 안에서의 문제이고 국가 간의 문제이다. 또는 가장 깊은 의미에서 개인의 삶에서의 문제라고 할 수도 있다. 왜 평화가 중요한가? 간단히 말한다면, 평화는 삶의 근본 조건이다. 삶의 여러 요인들에 마음을 열어 대비할 수 있게 하고, 그 요인들의 조화를 즐길 수 있게 하는 기본 조건이 평화이기 때문이다. 삶의 향수享受뿐만 아니라 여러 창조적 성취도 평화를 조건으로 한다. 물론 갈등과 투쟁과 전쟁이 삶의 에너지를 분출케 하는 원인이 된다고 생각할 수도 있다. 안정된 사회질서가 붕괴된 곳, 또는 지나친 안정이 삶의 에너지를 완전히 침체 상태에 떨어지게 하는 곳에서는 갈등의 에너지에 대한 열망이 솟아나오기도 한다. 그러나 평화가 삶의 기본 조건이라는 것은 틀림이 없다.

지속적인 평화가 유지되기는 쉽지 않다. 평화가 없다는 것은 말할 것도 없이 현재의 시점에서 전쟁이나 갈등상태에 들어가 있다는 말이지만, 평화가 있다고 하더라도 여러 요인들로 하여 평화가 위협을 받는 상태에 있을 수 있다. 그 원인의 하나는 과거에 있었던 부정적인 일들이 그대로 남아 있는 것이다. 현실적 원인에 추가하여, 과거에 있었던 일에서 생긴 상처가 치유되지 않고 그대로 남아, 보다 안정된 평화 체제의 수립을 어렵게 하는 수도 있다. 현실 원인에 더하여 심리적 원인이 있는 것이다. 가령, 일본의 식민지 통치에서 일어난 '성노예' 문제는 어느 정도는 이 범주에 들어간다. 이번 평화 문제 회의의 발제에는 이러한 문제들을 여러 가지로 생각하게 하는 것들이 많았지만, 어떤 발제는 특히 우리가 가지고 있는 문제와 관련하여 시사하는 바가 많았다.

북아일랜드 문제 뿌리도 역사의 기억

아일랜드 더블린의 트리니티 대학의 제랄딘 스미스 교수의 발표는 평화를 정치적 세력 간의 타협과 균형의 관점에서 보는 것이 아니라 더 근본적인 인간 심성의 관점에서 생각해 보는 것이었다. 그것은 전쟁보다 지배세력과 피지배 세력 간의 갈등에서 일어난 문제들이 어떻게 청산되고 온전한 평화 관계의 회복으로 유도될 수 있는가를 다루었다. 여기에서 말하려는 것은 이 과정이 어떤 것인가 하는 문제이지만, 그것을 위해서는 아일랜드의 사정을 조금 역사적으로 돌아보는 것이 불가피하다.

지금의 시점에서 전쟁 상태에 있는 것은 아니지만, 북아일랜드는 완전한 또는 정상적인 평화가 있는 지역이라고 할 수는 없다. 아일랜드의 복잡한 역사가 그럴 수밖에 없게 한다. 그로 인하여, 나라와 나라, 종교와 종교, 정치 이념과 이념 사이에 갈등과 긴장이 있고, 이에 따라 인간과 인간 사이에도 갈등과 긴장이 있을 수밖에 없다. 여기에 작용하는 복잡한 원인들을 다 가려내어 말할 수는 없지만, 그 큰 테두리는 간단히 정의할 수 있다. 수백 년 동안 밖에서 들어오는 세력의 희생물이 되어 온 것이-특히 지난 400년간 영국의 식민지 지배의 희생물이 되어 온 것이 아일랜드이다. 그러다가 20세기 초에 와서야 아일랜드는 '자유국'이 되었지만, 그때 주권을 완전히 회복한 것은 아니었고, 1948년에 모든 의미에서의 독립국이 되었다.

그런데 아일랜드의 독립은 식민통치의 문제를 완전히 정리한 후에 이루어진 것이 아니었다. 가장 큰 문제는 아일랜드라는 섬 전부가 아일랜드 공화국의 영토가 되지 않고, 북부 아일랜드가 그대로 영국의 영토로 남게 된 것이다. 그리하여 그런 조건을 거부하는 집단이 생기게 되었다. 이 집단의 일부는 무장 독립 투쟁을 벌이고 있던 사람들이었다.

기억엔 용서에 저항하는 은밀한 요인 있어

분단 독립이 기정사실이 된 다음에도 무장 투쟁은 계속되었다. 그리고 무장 집단은 북아일랜드의 프로테스탄트들과 소수파인 가톨릭파와의 패권 다툼에 가담했다. 이 신구 기독교의 종교적 차이는 물론 영국계 주민과 아일랜드 원주민 사이의 차이이기도 하다. 이 두 집단의 갈등은 모든 부분에서 그들이 완전히 분리되어 산다는 사실에 의하여 심화되었다. 교육 · 고용 · 주택 · 결혼 등에 있어서 그들은 서로 다른 구역을 이루고, 가톨릭-아일랜드계는 불리한 위치를 감수할 수밖에 없었다. 이러한 사회적 사정에서 오는 갈등은 1960년대 말로부터 '동란 상태(Troubles)'라고 불리게 된 준準내란상태로 발전하고, 그것이 30년 간 지속되었다. 1998년에 이르러 영국과 아일랜드, 북아일랜드 그리고 북아일랜드의 여러 정당 간의 합의에 의하여 화해의 협약이 이루어지고, 동란은 일단 종결되었다. 그러나 올해 있었던 북아일랜드 경찰관 총살 사건 등으로 하여, 다시 동란 사태가 재발할 우려가 일고 있는 것으로 보인다.

갈등을 규정하는 가장 큰 테두리는 물론 400년간의 영국의 식민지 지배이다. 이러한 장기 지배는 그에 관련된 사실들을 복잡하게 얽히게 하는 결과를 낳았다. 북아일랜드 문제는 긴 식민 통치하에서 이주해온 영국인들이 아일랜드의 주민으로 정착한 사실에 관계된다. 아일랜드 독립에 임하여, 그들이 자기들대로의 영토를 가지고자 한 것이 북아일랜드 분리의 근본 원인이다. 그렇다고 영국계의 아일랜드 인이 아일랜드를 저버린 이국인으로 남은 것은 아니다. 문제의 착잡성은, 가령, 근대 아일랜드의 가장 유명한 시인 예이츠의 경우에서도 볼 수 있다. 그는 영국계 그리고 프로테스탄트 신앙의 집안 출신이었지만, 그 나름의 아일랜드 애국자였다. 그를 반드시 정치적 시인이라고 할 수는 없다. 하지만 로저 케이스먼트라는 충실한 영제국의 신민臣民이었다가 민족 해방 운동의 주도자가 된 사람의 사형에 대한 그의 분노를 표현한 시, 또는 1916년의 '부활절 봉기'를 주제로 한 시는 그의 날카로운 애국의식을 보여준다. 그런가 하면, 예이츠 못지않게 20세기 영문학 또는 영애란英愛蘭 문학의 대표적인 작가 제임스 조이스는 보다 순수한 아일랜드 혈통으로 가톨릭 교육을 받고 가톨릭 신부가 될 생각도 한 사람이지만, 정치적 분규에 휘말리는 것을 혐오하여 해외로 망명하였다. 영문학에 기여한 아일랜드 출신의 인물이 많지만, 이들의 배경에는 대체로 아일랜드와 영국의 착잡한 관계가 얽혀들어 있다.

이러한 복합적인 정황으로 보아서도 스미스 교수가 북아일랜드 그리고 아일랜드에 진정한 평화가 오게 하기 위해서는 정치를 넘어서 보통의 삶의 구체적 차원에서 문제 해결의 실마리를 찾아야 한다고 생각한 것은 자연스럽다. 평화가 없는 곳에는 그것을 없게 만든 역사의 기억이 있다. 진정한 평화가 있으려면, 역사의 기억의 문제가 풀려야 한다. 그것은 옛날의 일을 다시 기억하는 것으로부터 시작할 수 있다. 물론 부정적인 기억은 적대의식을 조장하여 집단의 단결을 강화하고 투쟁을 선동하는 데에 중요한 정치 수단이 될 수 있다. 그러한 의도가 없다 하여도, 폴 리쾨르의 생각을 빌려 말하건대, "기억은 용서에 저항하는 은밀한 요인"을 가지고 있다.

슬픔을 나눌 수 있는 동정의 공간 만들어야

문제의 해결을 지향하는 기억의 첫 작업은 과거의 불행에 대한 애도의 절차를 취하는 것이다. 그 다음 치유 그리고 달라진 상황에 대한 새로운 시인是認이 뒤따라야 한다. 스미스 교수는 '화해와 용서'에 이르는 기억의 작업으로 '윤리적 기억,' '도덕적 기억'을 말한다. 이 작업을 통하여 타자의 슬픔을 나눌 수 있는 동정의 공간이 만들어진다. 그리고 용서가 가능해진다. 윤리적 기억은 인척이라든가 친구의 괴로움에 대한 공감을 내용으로 한다. 도덕적 기억은, 스미스 교수가 정의하는 바로는, 그러한 친소親疎의 한계를 넘어, 인간적 유대를 모든 인간에게 확대하는 기억의 작업이다. 그리하여 기억은 "치유와 재생再生 그리고 보편적 인간성에 기초한 도덕적, 정신적 가치의 공유"에로 나아가는 길이 된다.

스미스 교수의 이러한 발표를 접하면서, 또 한 가지 감명 깊었던 것은 그가 이러한 화해의 작업을 위하여 적극적으로 여러 활동에 종사하고 있다는 사실이었다. 그는 아일랜드의 더블린과 북아일랜드의 벨파스트를 왕래하면서, 각종의 종교단체, 시민 단체들의 모임에 참석하고 공식적이거나 비공식적인 인간적 접촉을 통하여, 그가 생각하는 바 기억과 화해의 작업들을 장려하는 일을 하고 있다고 한다.

스미스 교수의 발표 이외에도 이번 평화회의에서 발표된 글에는 우리의 생각을 새롭게 하는 것들이 여럿 있었다. 그 중에도 베르너 페니히 베를린자유대학 교수의 발표는 우리에게 중요한 의미를 갖는다고 할 수 있다. 그는 독일 통일이, 얼마나 상호이해와 타협을 위한 한없는 인내를 통하여 이루어졌던가를 잘 이해하고 있는 학자이다. 그리고 그와 관련하여 우리의 통일문제에 대하여도 참고할 만한 생각들을 많이 가지고 있는 것으로 알려져 있다. 그는 이미 우리의 통일부에 자문도 하고 자료도 제공한 바 있다. 이번 회의에서의 그의 발표는 여기에 관련되는 것이면서, 조금 더 생각을 확대하여 일본이나 중국과의 관계, 그리고 여러 국제 관계에서의 평화의 문제를 다루는 것이었다. 그러나 그의 발표 전부를 생각해 볼 여유가 없기 때문에, 위의 스미스 교수의 발표와 관련하여 그의 발표에서 취한 한두 가지 아이디어만을 언급하겠다.

제도 · 전략에 앞서야 할 평화의 이상

적대하는 두 진영의 화해 과정에 대한 스미스 교수의 말은 주로 피해자의 관점을 취하여, 가해자가 피해자와 함께 과거를 기억하고 화해에 이르게 되는 과정이다. 그러나 가해자가 뉘우칠 생각이 없다면 어떻게 할 것인가? 페니히 교수는, 한 · 일 관계를 말하면서, 가해자가 뉘우치지 않는다고 하여 평화에 이르는 과정을 포기하는 것이 옳은 것인가를 묻는다. 그리고 진정으로 지역 평화에 기여하는 것이라면, 후회나 사과를 기다리지 않고 관대한 마음으로 평화에 이르는 절차를 밟도록 하는 것이 좋을 것이라고 한다. 관용의 마음은 타자를 탓하지 않고 부끄럽게 한다. 비난이 아니라 수치심이 심리적 계기가 되는 것이다. 페니히 교수의 생각에서 또 주목할 것은 제도적인 보장에 대한 면밀한 고찰이다. 평화 계획의 목적은 잘잘못의 시비보다도 확실한 평화 체제의 확립이다. 고려의 대상이 되어야 할 것은 평화 체제의 객관적 조건들이다.

그러면서 이런 이야기와 관련하여 우리가 생각하게 되는 것은 깊은 심성 안에 들어 있는 평화의 이상에 대한 믿음이다. 사회적 국가적 문제에 대한 우리의 사고에는 너무나 전략적인 요소가 강하게 작용한다. 정치적 차원에서나 개인적인 차원에서나 목표를 최종적으로 결정하여야 하는 것은 삶의 존엄성에 대한 믿음이다. 평화는 그것을 위한 기본적이고 보편적인 조건이다. 그 현실적 구현을 위한 전략은 평화의 이상을 고려하는 것이라야 한다. 지금의 단계에서, 제도와 전략에 대한 궁리와 협상에 앞서서, 필요한 것은 평화의 이상의 보편화라 할 수 있다. 국제 평화나 사회적 평화 어느 쪽에서나 이 보편화가 선행함으로써, 인간의 노력은 힘의 역학의 악순환을 벗어날 수 있을 것이다.

– 김우창, 「Though, 빠른 삶 느린 생각, 평화의 이상에 이르는 길, 인간에게 평화란 '삶의 존엄' 위한 기본 조건」, 『중앙SUNDAY』 448, 2015. 10. 11.

6 통합적 글쓰기

1. 다음 ①의 영화를 본 후, ②의 관점에서 ①의 영화를 평가한 한 편의 글을 써 보자.

① 임필성의 「마담 뺑덕」

제목 : 마담 뺑덕

개봉 : 2014. 10. 2.

감독 : 임필성

출연 : 정우성(학규), 이솜(덕이), 박소영(청이)

줄거리 :

8년 전, 처녀 덕이 그리고 학규. 욕망에 눈멀다.

불미스러운 오해에 휘말려, 지방 소도시 문화센터의 문학 강사로 내려온 교수 학규(정우성)는 퇴락한 놀이공원의 매표소 직원으로, 고여 있는 일상에 신물 난 처녀 덕이(이솜)와 걷잡을 수 없는 사랑에 빠진다. 그러나 학규는 복직이 되자마자 서울로 돌아가고 덕이는 버림받는다.

8년 후, 악녀 덕이. 학규와 그의 딸 청이 사이를 파고들다.

…….

② 토마스 S. 쿤의 『과학혁명의 구조』

나의 당초 원문의 주요 난제 가운데 몇 가지는 패러다임의 개념에 관한 것으로 집중되고 있으므로, 후기에서의 논의는 그것들로부터 시작한다. (중략) 이 책의 많은 부분에서 '패러다임'이란 용어가 두 가지 다른 의미로 쓰이고 있음을 드러내게 된다. 한편으로, 패러다임은 어느 주어진 과학자 사회의 구성원들에 의해 공유되는 신념, 가치, 기술 등을 망라한 총체적 집합을 가리킨다. 다른 한편으로는 패러다임은 그런 집합에서 한 유형의 구성 요소를 가리키는 것으로서 모형이나 또는 예제로서 사용되어, 정상과학의 나머지 수수께끼에 대한 풀이의 기초로서 명시적 규칙들을 대치할 수 있는 구체적 수수께끼-풀이를 나타낸다.

– 토마스 S. 쿤, 김명자 역, 『과학혁명의 구조』, 동아출판사, 1995, 247–248쪽.

2. 다음 ①, ②, ③의 내용을 바탕으로, ③의 관점에서 ①, ②를 해석한 한 편의 글을 써 보자.

① 르네 데카르트의 「방법서설」

거기서 내가 한 최초의 여러 성찰에 관하여 이야기해야 할 것인지 나는 잘 모르겠다. 그것들이 너무 형이상학적이고 흔치 않은 것이므로 아마도 누구에게나 흥미 있는 것이 못 되겠기에 말이다. 하지만 내가 택한 기초가 충분히 확고한 것인지를 사람들이 판단할 수 있도록 거기 관해서 이야기하지 않을 수 없을 것 같다. 앞서 말한 바와 같이, 나는 오래전부터 실생활에 있어서는, 매우 불확실한 것임을 알고 있는 의견들을 마치 그것들이 의심할 것이 아닌 양 따르는 것이 가끔 필요함을 깨닫고 있었다. 그러나 이제는 내가 오로지 진리 탐구에 몰두하고자 하기 때문에, 이와 아주 반대되는 일을 해야 한다고 생각하였다. 즉, 조금이라도 의심할 수 있다고 생각되는 모든 것을 절대로 거짓된 것으로서 버리고 이렇게 한 후에 전혀 의심할 수 없는 어떤 것이 내 신념 속에 남지 않을는지 보아야 한다고 생각하였다. 이리하여 우리의 감각이 때때로 우리를 속이기 때문에, 감각이 우리의 마음속에 그려 주는 대로 있는 것은 아무것도 없다고 나는 상정하려 하였다. 그리고 기하학의 가장 단순한 문제에 관해서도 추리를 잘못하여 여러 가지 오류 추리를 하는 사람들이 있으므로, 나도 다른 누구 못지않게 잘못에 빠질 수 있다고 판단하고서, 내가 전에 논증으로 보았던 모든 추리를 잘못된 것으로서 버렸다. 그리고 끝으로, 우리가 깨어 있을 때에 가지는 모든 생각과 똑같은 것이 우리가 잠들고 있을 때에도 우리에게 나타나는데, 이때 참된 것은 하나도 없음을 생각하고서 나는 여태껏 정신 속에 들어온 모든 것이 내 꿈의 환상보다 더 참되지 못하다고 가상假想하기로 결심했다. 그러나 금방 그 뒤에 그렇게 모든 것이 거짓이라고 생각하고 싶어 하는 동안도, 그렇게 생각하는 나는 반드시 어떤 무엇이어야 한다는 것을 깨달았다. 그리고 **나는 생각한다, 그러므로 나는 있다**라는 이 진리는 아주 확고하여, 회의론자들의 제아무리 터무니없는 상정想定들을 모두 합치더라도 이것을 흔들어 놓을 수 없음을 주목하고서, 나는 주저 없이 이것을 내가 찾고 있던 철학의 제1원리로 받아들일 수 있다고 판단하였다.

그 다음에, 내가 무엇인지를 주의하여 검토하고, 또 내가 신체를 전혀 가지고 있지 않으며, 도대체 세계도 없으며, 내가 있는 장소도 숫제 없다고 가상할 수 있으나, 그렇다고 해서 내가 전혀 없다고 가상할 수는 없고, 오히려 이와 반대로 다른 것들의 진리성을 의심하려고 생각하는 바로 이 사실로부터 내가 있다는 것이 아주 명백하게 또 아주 확실하게 귀결되며, 거꾸로, 만일 내가 생각하기를 그치기만 하면, 설사 내가 그때까지 상상해 온 나머지 모든 것이 참이라 하더라도 내가 있다고 믿을 아무 이유도 없다는 것을 알았다. 여기서 나는 내가 하나의 실체요, 그 본질 내지 본성은 오직 생각하는 것이요, 또 존재하기 위하여 아무 장소도 필요 없고, 어떠한 물질적인 것에도 의존하지 않는 것임을 알았다. 따라서 이 '나', 즉 나를 나 되게 하는 정신은 신체와 전혀 다른 것이요, 또 신체보다 인식하기가 더 쉬우며, 설사 신체가 없다 하더라도 어디까지나 온전히 스스로를 보존하는 것이다.

– 르네 데카르트, 최명관 역, 「방법서설」, 『방법서설 · 성찰 · 데까르뜨 연구』, 서광사, 1983, 29–30쪽.

② 조세희의 「뫼비우스의 띠」

제군, 지난 1년 동안 고생 많았다. 정말 모두 열심히들 공부해 주었다. 그래서 이 마지막 시간만은 입학시험과 상관이 없는 이야기를 하고 싶었다. 나는 몇 권의 책을 뒤적여 보다가 제군과 함께 이야기해 보고 싶은 것을 발견했다. 일단 내가 묻는 형식을 취하겠다. 두 아이가 굴뚝 청소를 했다. 한 아이는 얼굴이 새까맣게 되어 내려왔고, 또 한 아이는 그을음을 전혀 묻히지 않은 깨끗한 얼굴로 내려왔다. 제군은 어느 쪽의 아이가 얼굴을 씻을 것이라고 생각하는가?

학생들은 교단 위에 서 있는 교사를 바라보았다. 아무도 얼른 대답을 하지 못했다.

잠시 후에 한 학생이 일어섰다.

얼굴이 더러운 아이가 얼굴을 씻을 것입니다.

그런데, 그렇지가 않다.

왜 그렇습니까?

다른 학생이 물었다.

교사는 말했다.

한 아이는 깨끗한 얼굴, 한 아이는 더러운 얼굴을 하고 굴뚝에서 내려왔다. 얼굴이 더러운 아이는 깨끗한 얼굴의 아이를 보고 자기도 깨끗하다고 생각한다. 이와 반대로 깨끗한 얼굴을 한 아이는 상대방의 더러운 얼굴을 보고 자기도 더럽다고 생각할 것이다.

학생들이 놀람의 소리를 냈다. 그들은 교단 위에 서 있는 교사에게서 눈을 떼지 않았다.

한 번만 더 묻겠다.

교사가 말했다.

두 아이가 굴뚝 청소를 했다. 한 아이는 얼굴이 새까맣게 되어 내려왔고, 또 한 아이는 그을음을 전혀 묻히지 않은 깨끗한 얼굴로 내려왔다. 제군은 어느 쪽의 아이가 얼굴을 씻을 것이라고 생각하는가?

똑같은 질문이었다. 이번에는 한 학생이 얼른 일어나 대답했다.

저희들은 답을 알고 있습니다. 얼굴이 깨끗한 아이가 얼굴을 씻을 것입니다.

학생들은 교사의 말을 기다렸다.

교사는 말했다.

그 답은 틀렸다.

왜 그렇습니까?

더 이상의 질문을 받지 않을 테니까 잘 들어 주기 바란다. 두 아이는 함께 똑같은 굴뚝을 청소했다. 따라서 한 아이의 얼굴이 깨끗한데 다른 한 아이의 얼굴은 더럽다는 일은 있을 수가 없다.

– 조세희, 「뫼비우스의 띠」, 『난장이가 쏘아올린 작은 공』, 문학과지성사, 1978, 9–11쪽.

③ 뫼비우스의 띠

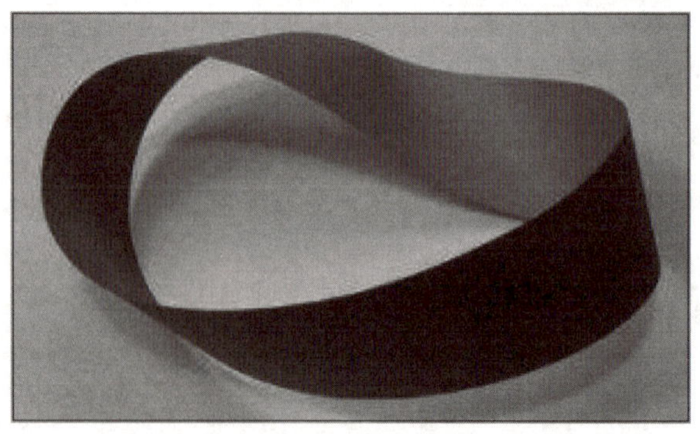

(참고) 이진경의 『철학과 굴뚝청소부』

여러분 가운데 자기 얼굴을 모르는 분 있습니까? 예상대로, 아무도 없군요. 그럼 다시 하나 질문을 하지요. 여러분들 중에 혹시 자신의 얼굴을 직접 본 사람이 있습니까? 역시 아무도 없군요. 그런데 아무도 자기 얼굴을 직접 본 적이 없다면서, 어떻게 모두 다 자기 얼굴을 알고 있다고 생각하시는 건가요?

아마 여러분은 거울이나 수면에 비친 모습을 통해 자신의 얼굴을 보았다고 말하겠지요. 그러나 여러분이 거울에서 본 게 자기 얼굴인지 어떻게 알지요? 그게 자기 얼굴이라고 판단하려면, 이미 자기 얼굴에 대해 알고 있어야 하지 않습니까? 그런데 여러분은 자기 얼굴을 직접 본 적이 없습니다. 즉 자기 얼굴이 어떤지 미리 알고 있지 못합니다. 만약 거울을 처음 본 사람이 있다면 그는 그 거울에 대고 말을 걸었을 게 틀림없습니다. 그게 자기라고 어떻게 생각할 수 있겠습니까?

여기서 나 자신은 거울에 비치는 대상입니다. 거울은 그 대상을 비추는 주체지요. 거울에 비치는 대상(나)과 그걸 비추는 거울(주체)이 일치하는지 아닌지는 나와 거울만 가지고는 알 수 없습니다. 혹시라도 누군가가 옆에서 보고는, "거울에 비친 모습하고 네 얼굴하고 똑같다"고 말이라도 해 준다면 모를까.

결국 인식하는 주체와 인식되는 대상이란 두 개의 항項만으로는 인식한 게 대상과 일치하는지 아닌지, 진리인지 아닌지 알 수 없다는 것입니다. 즉 진리는 주체가 확인하고 보증할 수 있는 게 아니며, 그렇다고 대상이 확인하고 보증해 줄 수 있는 건 더욱 아니란 말입니다.

비슷한 이야기가 조세희의 소설 『난장이가 쏘아올린 작은 공』에 나옵니다. 굴뚝 청소부가 두 명 있었습니다. 그 두 명이 각각 굴뚝 청소를 하고 내려왔습니다. 그런데 굴뚝 하나는 깨끗했고 다른 하나는 더러웠기 때문인지, 한 명의 얼굴은 까맣고 다른 한 명의 얼굴은 하얗습니다. 자, 그러면 누가 얼굴을 씻으러 갈까요? 다 아시겠지만, 더럽고 검은 얼굴의 굴뚝 청소부가 아니라 깨끗하고 흰 얼굴의 굴뚝 청소부가 얼굴을 씻으러 갈 것입니다. 왜냐하면 더러운 상대편의 얼굴을 보고 자신의 얼굴도 그럴 것이라고 생각하기 때문입니다.

이러면 난점이 뭔지 좀 더 분명해졌으리라고 생각합니다. 이 두 사람(인식주체/대상)만으로는 내 얼굴이 어떻다는 판단과 실제 내 얼굴의 상태가 일치하는지 아닌지 확인할 수 없다는 것입니다. 얼굴이 더럽다는 판단을 한 게 사실과 정반대일 수도 있는 것입니다.

위의 두 가지 이야기는 똑같은 딜레마를 보여주고 있습니다. 이 딜레마는 인식주체와 인식대상을 나누고, 양자가 일치하는 게 진리라고 한다면, 어떤 지식이나 인식이 진리인지 아닌지는 결코 확인할 수도 없고 보증할 수도 없다는 난점을 가리킵니다. 그게 일치하는지 아닌지 확인해 주는 제3자 — 예를 들면 신 — 가 없다면 근대철학으로선 이 딜레마를 벗어나는 게 불가능합니다. 주체가 신에게서 벗어남으로써 발생한 근대철학의 '원죄'인 셈입니다.

– 이진경, 『철학과 굴뚝청소부』, 그린비, 2015(개정3판), 57–59쪽.

3. 다음 ①, ②, ③의 내용을 바탕으로, ③의 관점에서 ①, ②를 해석한 한 편의 글을 써 보자.

① 플라톤의 「소크라테스의 변명」

"소크라테스, 이번엔 우리가 아뉘토스의 말에 따르지 않을 것이며 당신을 방면합니다. 다만 더 이상 이런 탐색을 하면서 시간을 보내지도, 지혜 사랑하는 일을 하지도 않는다는 조건 하에 방면합니다. 그런데도 계속 이 일을 하다 잡히면 당신은 죽게 될 겁니다."

자, 내가 말했던 대로 이런 조건을 달고 여러분이 나를 방면한다면, 나는 여러분에게 말할 겁니다.

"아테네인 여러분, 나는 여러분을 좋아하고 사랑하지만, 여러분보다는 오히려 신에게 복종할 겁니다. 그래서 내가 숨 쉬고 있고 할 수 있는 한은 지혜 사랑하는 일, 여러분에게 권고하고 또 매번 내가 여러분 중 누구와 만나게 되든 그에게 명료하게 보여 주는 일을 멈추지 않을 겁니다. 내가 입버릇처럼 말해 오던 대로 이렇게 말하면서 말입니다.

'가장 훌륭한 양반, 당신은 지혜와 힘에 있어서 가장 위대하고 가장 명성이 높은 국가인 아테네 사람이면서, 돈이 당신에게 최대한 많아지게 하는 일은, 그리고 명성과 명예는 돌보면서도 현명함과 진실은, 그리고 영혼이 최대한 훌륭해지게 하는 일은 돌보지도 신경 쓰지도 않는다는 게 수치스럽지 않습니까?'"

라고 말입니다.

그리고 여러분 가운데 누군가가 이의를 제기하면서 자기는 돌보고 있다고 주장한다면, 나는 곧바로 그를 놓아주거나 내가 가 버리거나 하지 않고 오히려 그에게 묻고 검토하고 논박할 겁니다. 그런데 그가 덕을 갖고 있지 않은데도 그렇다고 주장하고 있다는 생각이 내게 들면, 나는 그가 가장 많은 가치를 지닌 일은 가장 하찮게 여기며 더 보잘것없는 일은 더 중시하고 있다고 비난할 겁니다. 나는 내가 만나게 되는 그 누구에게든 이런 일들을 할 겁니다. 젊은이든 나이 든 이든, 외지인이든 내지인이든 말입니다. 그런데 내지인인 여러분에게는 더 그렇게 할 겁니다. 나와 가문이 더 가까운 만큼 말입니다.

이것들을 신이 명령하고 있거니와 (이 점 잘 알아 두세요). 내 생각에 여러분에게 신에 대한 나의 봉사보다 더 큰 좋음이 도대체 이 나라에 생겨난 적이 전혀 없으니까요. 내가 돌아다니면서 하는 일은 다름이 아니라 바로 여러분 가운데 젊은이에게나 나이 든 이에게나 영혼을 돌보는 것(즉 영혼이 최대한 훌륭한 상태가 되도록 돌보는 것)보다 우선해서, 혹은 그것과 비슷한 정도의 열심을 가지고, 육체나 돈을 돌보지 말라고 설득하는 일이거든요.

'돈으로부터 덕이 생기는 게 아니라, 덕으로부터 돈과 인간들에게 좋은 다른 모든 것들이 사적인 영역에서든 공적인 영역에서든 생깁니다.'

라고 말하면서 말입니다.

그런데 이런 말들을 하면서 내가 젊은이들을 망치고 있는 거라면, 이 말들은 해로운 게 되겠지요. 하지만 내가 이런 말들과는 다른 말들을 한다고 누군가가 주장한다면, 그는 터무니없는 말을 하고 있는 겁니다. 아테네인 여러분, 이것들을 염두에 두고 아뉘토스의 말을 따르든 안 따르든, 그리고 나를 방면하든 안 하든 하세요. 어쨌든 나는 비록 여러 번 죽게 될 거라 해도 다른 일들을 하지는 않을 테니까요."라고 난 말할 겁니다.

– 플라톤, 강철웅 역, 『소크라테스의 변명』, 이제이북스, 2014, 83–85쪽.

② 자크 다비드의 「소크라테스의 죽음」

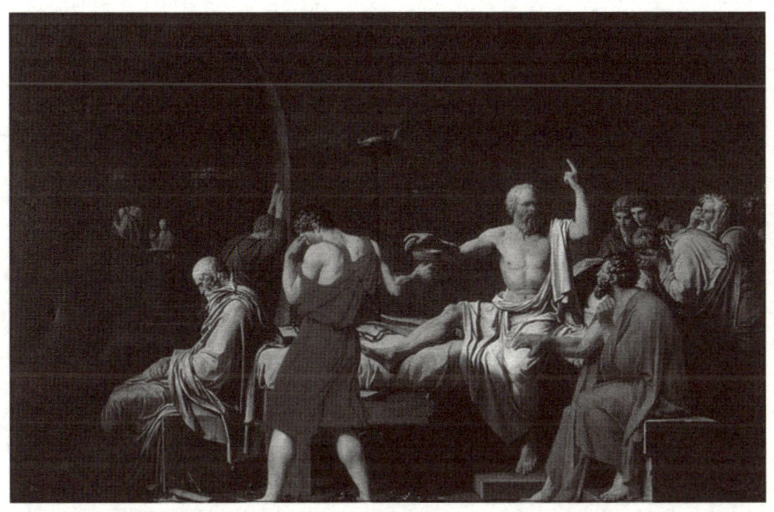

자크 루이 다비드, 「소크라테스의 죽음(1787)」, 메트로폴리탄 미술관.

③ 리처드 도킨스의 『이기적 유전자』

인간의 특이성은 대개 '문화'라고 하는 한 단어로 요약된다. 잘났다고 자랑하고 싶어서가 아니라 과학자의 입장에서 이 단어를 쓴다. 문화적 전달은 유전적 전달과 유사하다. (중략) 새로이 등장한 자기 복제자에게도 이름이 필요한데, 그 이름으로는 문화 전달의 단위 또는 모방의 단위라는 개념을 담고 있는 명사가 적당할 것이다. 이에 알맞은 그리스어 어근으로부터 '미멤mimeme'이라는 말을 만들 수 있는데, 내가 원하는 것은 '진gene(유전자)'이라는 단어와 발음이 유사한 단음절의 단위다. 그러기 위해서 위의 단어를 밈meme으로 줄이고자 하는데, 이를 고전학자들이 이해해 주기를 바란다. (중략) 밈의 예에는 곡조, 사상, 표어, 의복의 유행, 단지 만드는 법, 아치 건조법 등이 있다. 유전자가 유전자 풀 내에서 퍼져 나갈 때 정자나 난자를 운반자로 하여 이 몸에서 저 몸으로 뛰어다니는 것과 같이, 밈도 밈 풀 내에서 퍼져 나갈 때에는 넓은 의미로 모방이라 할 수 있는 과정을 거쳐 뇌에서 뇌로 건너다닌다. 어떤 과학자가 반짝이는 아이디어에 대해 듣거나 읽거나 하면 그는 이를 동료나 학생에게 전달할 것이다. 그는 논문이나 강연에서도 그것을 언급할 것이다. 이 아이디어가 인기를 얻게 되면 이 뇌에서 저 뇌로 퍼져 가면서 그 수가 늘어난다고 말할 수 있다. (중략) 우리는 유전자의 기계로 만들어졌고 밈의 기계로서 자라났다. 그러나 우리에게는 우리의 창조자에게 대항할 힘이 있다. 이 지구에서는 우리 인간만이 유일하게 이기적인 자기 복제자의 폭정에 반역할 수 있다.

– 리처드 도킨스, 홍영남 · 이상임 역, 『이기적 유전자』, 을유문화사, 2010, 318-335쪽.

참고 문헌

강수돌 외, 『지난 10년 놓쳐서는 안 될 아까운 책』, 부키, 2011.

강호정, 『기승전결을 버려라』, 이음, 2007.

경향신문 문화부, 『나는 작가가 되기로 했다』, 메디치미디어, 2015.

고미숙, 『몸과 인문학』, 북드리망, 2013.

구효서 외, 『길 위의 인문학』, 경향미디어, 2011.

김경집, 『생각의 융합』, 더숲, 2015.

김경훤 외, 『창조적 사고 개성적 글쓰기』, 성균관대학교 출판부, 2006.

김기홍, 『논문작성 이렇게 해라』, 시대의창, 2001.(개정 증보판)

김 돈 외, 『대학 글쓰기와 커뮤니케이션』, 아카넷, 2013.

김동식, 『인문학 글쓰기를 위하여』, 서울대학교출판문화원, 2009.

김민숙, 「노천명 시에 나타난 장소성 연구」, 건국대 박사학위논문, 2011.

김상근, 『인문학으로 창조하라』, 멘토, 2013.

김상환, 『철학과 인문적 상상력』, 문학과지성사, 2012.

김성수, 『프랑켄슈타인의 글쓰기』, 글누림, 2009.

김세균 편, 『서울대 명품 강의』, 글항아리, 2010.

김순아, 『이론과 실제를 넘나드는 인문학 에세이』, 북랜드, 2015.

김연수, 『청춘의 문장들』, 마음산책, 2014.

김영민, 『세속의 어긋남과 어긋냄의 인문학』, 글항아리, 2011.

김영찬, 「식민지 근대의 내면과 표상」, 『상허학보』 16, 2006. 2.

김우창, 「Though, 빠른 삶 느린 생각, 평화의 이상에 이르는 길, 인간에게 평화란 '삶의 존엄' 위한 기본 조건」, 『중앙SUNDAY』 448, 2015. 10. 11.

김종수, 「근대소설 연구방법의 한 경향」, 『비평문학』 27, 2007. 12.
김종진, 『공간(空間) 공감(共感)』, 효형출판, 2011.
김지영, 「『무정』의 멜로드라마적 상상력」, 『어문논집』 54, 2006. 10.
김 철 · 이경훈 · 서은주 · 임진영, 「『무정』의 계보」, 『민족문학사연구』 20, 2002. 6.
김탁환, 『천년습작』, 살림, 2009.
김학면, 「이광수 초기문학담론과 『무정』의 '근대성' 연구」, 『한국현대문학연구』 25, 2008. 8.
나탈리 골드버그, 권진욱 옮김, 『뼛속까지 내려가서 써라』, 한문화, 2013.
남영신, 『나의 한국어 바로 쓰기 노트』, 까치, 2002.
덕성여자대학교 교양학부 교재편찬위원회, 『학술적 글쓰기의 원리와 실제』, 월인, 2012.
르네 데카르트, 최명관 역, 『방법서설 · 성찰 · 데까르뜨 연구』, 서광사, 1983.
리처드 도킨스, 홍영남 · 이상임 역, 『이기적 유전자』, 을유문화사, 2010.
마르그리트 뒤라스, 『고독한 글쓰기』, 창작시대, 1997.
문유석, 『판사 문유석의 일상유감, 개인주의자 선언』, 문학동네, 2015.
문학과사상연구회 편, 『이광수 문학의 재인식』, 소명출판, 2009.
박웅현, 『책은 도끼다』, 북하우스, 2011.
박윤우, 『발표토론과 글쓰기』, 역락, 2008.
박철희 · 김시태, 『문학의 이론과 방법』, 이우출판사, 1984.
박헌호 편, 『센티멘탈 이광수』, 소명출판, 2013.
박희석 · 김숙희, 『성공적인 사회진출을 위한 실용글쓰기』, 아이북, 2007.
백종현, 「인문학의 이념과 한국인문학의 과제」, 『인문논총』 72-2, 2015. 5.
브루스 액커만 외, 너른복지연구모임 역, 『분배의 재구성: 기본소득과 사회적 지분 급여』, 나눔의 집, 2010.
비트겐슈타인, 이영철 역, 『철학적 탐구』, 책세상, 2006.
샌프란시스코 작가집단 GROTTO, 라이언 역, 『글쓰기 좋은 질문 642』, 큐리어스, 2013.

서 민, 『서민적 글쓰기』, 생각정원, 2015.
서영채, 「이광수, 근대성의 윤리」, 『한국근대문학연구』 19, 2009. 4.
셸리 케이건, 박세연 역, 『죽음이란 무엇인가』, 엘도라도, 2012.
손동현 외, 『학술적 글쓰기』, 성균관대학교출판부, 2005.
스티븐 킹, 김진준 옮김, 『유혹하는 글쓰기』, 김영사, 2002.
신승환, 『지금 여기의 인문학』, 후마니타스, 2010.
신주철, 『문학도시를 사유하는 쾌감』, 가람기획, 2015.
아리스토텔레스, 강상진 · 김재홍 · 이창우 역, 『니코마코스 윤리학』, 길, 2011.
안도현, 『가슴으로도 쓰고 손끝으로도 써라』, 한겨레출판, 2009.
안상헌, 『인문학 공부법』, 북포스, 2012.
안용태, 『영화 읽어주는 인문학』, 생각의길, 2014.
앤서니 웨스턴, 이보경 역, 『논증의 기술』, 필맥, 2004.
에리히 프롬, 최혁순 역, 『소유냐 존재냐』, 범우사, 1999.
오태민, 『인문학적 상상력』, 케이디북스, 2012.
윌리엄 진서, 이한중 역, 『글쓰기 생각쓰기』, 돌베개, 2007.
윌리엄 케인, 김민수 역, 『거장처럼 써라』, 이론과실천, 2011,
유시민, 『유시민의 글쓰기 특강』, 생각의길, 2015.
유시민, 『청춘의 독서』, 웅진지식하우스, 2009.
유영만, 『상상하여? 창조하라!』, 위즈덤하우스, 2008.
유임하, 『동서양 고전, 읽기와 글쓰기』, 어진소리, 2004.
윤영돈, 『기획서 · 제안서 쓰기』, 랜덤하우스, 2008.
이경훈, 「『무정』의 패션」, 『민족문학사연구』 18, 2001. 6.
이광수 · 김철 편, 『무정』, 문학과지성사, 2005.
이광호, 「이광수 소설의 '시선 주체'와 문학사적 의미」, 『한국문예창작』 25, 2012. 8.
이만교, 『개구리를 위한 글쓰기 공작소』, 그린비, 2012.
이만교, 『나를 바꾸는 글쓰기 공작소』, 그린비, 2009.
이명재 · 오창은, 『문학비평의 이해와 활용』, 경진, 2009.
이상국, 『옛시 속에 숨은 인문학』, 슬로래빗, 2015.
이상원, 『서울대 인문학 글쓰기 강의』, 황소자리, 2011.
이상임 외, 『상상과 창조의 글쓰기』, 경희대학교출판문화원, 2010.
이수열, 『우리 글 갈고 닦기』, 한겨레출판, 1999.

이영미, 『한국 대중가요 속의 여성』, 대한민국역사박물관, 2014.
이외수, 『글쓰기의 공중부양』, 해냄, 2006.
이지성, 『생각하는 인문학』, 차이, 2015.
이진경, 『뻔뻔한 시대, 한 줌의 정치』, 문학동네, 2012.
이진경, 『철학과 굴뚝청소부』, 그린비, 2015(개정3판).
이철호, 「황홀과 비하, 한국 교양소설의 두 가지 표정」, 『상허학보』 37, 2013. 2.
이현우, 『아주 사적인 독서』, 웅진지식하우스, 2013.
임석진, 「헤겔 역사철학의 근본문제」, 『헤겔연구』 3, 1986. 12.
임인재 · 김신영, 『논문작성법』, 서울대학교출판문화원, 2008.(제2개정판)
장영희, 『문학의 숲을 거닐다』, 샘터사, 2005.
장하준, 김희정 역, 『장하준의 경제학 강의』, 부키, 2014.
전남대학교 기초교육원, 『글쓰기』, 전남대학교출판부, 2012.
전남대학교 인문학연구소, 『인문학 이야기』, 전남대학교출판부, 2006.
정희모 외, 『대학 글쓰기』, 삼인, 2008.
정희모 · 이재성, 『글쓰기의 전략』, 들녘, 2005.
조관희, 『흔글로 논문 작성하기』, 소명출판, 2005.
조선대학교 삶과 글 편찬위원회, 『인문 사회 계열 글쓰기』, 태학사, 2005.
조세희, 『난장이가 쏘아올린 작은 공』, 문학과지성사, 1978.
조승연, 『이야기 인문학』, 김영사, 2013.
조지 애커로프 · 로버트 쉴러, 김태훈 역, 『야성적 충동』, 랜덤하우스, 2009.
주현성, 『지금 시작하는 인문학』, 더좋은책, 2012.
채 운, 『글쓰기와 반시대성, 이옥을 읽는다』, 북드라망, 2013.
최복현, 『닥치고 써라』, 작은숲, 2013.
최원석, 『한 뼘 인문학』, 북클라우스, 2015.
최재천 외, 『창의융합 콘서트』, 엘도라도, 2013.
최주한, 「'번역된 (탈)근대론'으로서의 『무정』 연구사」, 『한국근대문학연구』 27, 2013. 상반기.(2013. 4)
최태섭, 『모서리에서의 사유』, 알마, 2013.
토마스 S. 쿤, 김명자 역, 『과학혁명의 구조』, 동아출판사, 1995.

폴 크루그먼, 예상한 외 역, 『미래를 말하다』, 현대경제연구원BOOKS, 2008.

프리드리히 A. 하이에크, 김이석 역, 『노예의 길: 사회주의 계획경제의 진실』, 나남출판, 2006.

플라톤, 강철웅 역, 『소크라테스의 변명』, 이제이북스, 2014.

한국외국어대학교 출판부, 『글쓰기의 이론과 실제』, 한국외국어대학교출판부, 2007.

한성우, 『경계를 넘는 글쓰기』, 월인, 2006.

한양대학교 국어교육위원회, 『창조적 사고와 글쓰기』, 한양대학교출판부, 2004.

황병순 외, 『글쓰기의 방법과 실제(인문사회계열)』, 경상대학교출판부, 2013.

황병순, 『인문 사회계 글쓰기』, 경상대학교출판부, 2009.

황종연, 「노블, 청년, 제국」, 『상허학보』 14, 2005. 2.

찾아보기

ㅇ

ㅈ

ㅎ